Sie möchten keine Neuerscheinungen verpassen?
Dann tragen Sie sich jetzt für unseren Newsletter ein!

www.ylva-verlag.de

Aus dem Englischen
von Vanessa Tockner

L. T. Smith

Fertig mit der Liebe?

Danksagung

Danke an Astrid und das Ylva Team, dass ihr mit diesem Buch meinen Traum unterstützt. Nicht nur geht ein Teil meines Honorars an die Organisation Dogs Trust in England. Ylva spendet einen Teil des eigenen Gewinns an die Organisation Sneha's Care, die sich um vernachlässigte Straßenhunde und andere Tiere in Nepal kümmert.

Ich hoffe, dass ihr, die Leser, dieses Buch gerne lest und an ganz viele andere Tierfreunde empfehlt, damit eine Menge Geld an einen guten Zweck geht.

L.T. Smith

www.snehacare.de
Spendenkonto Sneha's Care Deutschland e.V.
Bank für Sozialwirtschaft
IBAN: DE34 5502 0500 0001 6055 00
BIC: BFSWDE33MNZ

Paypal: Paypal.me/SnehaCare

Widmung

An alle unsere Hundekumpel. Ihr zeigt uns täglich, was bedingungslose Liebe wirklich ist, und wir sind euch für immer dankbar dafür. An Jox und Mutz - ich vermisse euch jeden Tag.

Prolog

Ich erinnere mich noch genau daran, als ich mich das erste Mal verliebt habe. Ich habe nicht danach gesucht, hatte nie vor, mich vollständig verzaubern zu lassen. Obwohl ich dreiunddreißig Jahre lang nicht gewusst habe, wie es sich anfühlen würde, akzeptierte ich es ohne Fragen, ohne Protest. In dem Moment, als ich in diese dunkelbraunen Augen sah, fühlte ich mich, als wäre der Teil von mir, der sich nach einer Verbindung mit jemand anderem sehnte, plötzlich zu neuem Leben erwacht.

Hmmm. Liebe. Liebe, Liebe, Liebe. Seltsam, dass ich meine Sehnsucht vor allen verborgen hatte, auch vor mir selbst, und schließlich mein Herz dem Mann geöffnet habe, den ich für den Rest meines Lebens lieben werde.

Wenn ich bedenke, dass ich das Paradebeispiel einer Lesbe bin, erscheint es mir seltsam, diese Zeilen zu schreiben. Bevor ihr jetzt auch nur ansatzweise denken könnt: »Ich verstehe nicht. Wie kann sie sich eine Lesbe schimpfen, wenn sie sich in einen Mann verliebt?«, lasst mich das bitte erklären.

Männer gibt es in vielen Farben und Formen und nur wenige bewirken, dass mir das Herz aufgeht wie eine Tüte Popcorn in der Mikrowelle. Die männliche Spezies ist genau das – eine Spezies. Männer können Mäuse oder Menschen sein, Vögel oder Bienen oder, wie ich herausgefunden – oder schon seit einiger Zeit – gewusst habe, Vierbeiner. Hunde, um genau zu sein. Eigentlich nur *ein* Hund. Ein liebenswerter, braunäugiger Junge namens Charlie.

Lasst mich ein wenig zurückgreifen, damit die Zusammenhänge klar werden. Ich muss von Anfang an erzählen, wie ich mein Herz an ein zappelndes, schwarzbraunes Fellknäuel verloren habe. Oh, und im gleichen Atemzug auch an eine Frau.

Kapitel 1

Januar 2012. Neujahrstag. Mittag. Kater. Jeder einzelne meiner Neujahrsvorsätze war bereits dahin, ebenso mein Handy. Scheinbar ist es nicht die beste Idee, elektronische Geräte in die Toilette zu werfen, herauszufischen und dann auf den Fliesenboden fallen zu lassen. Ich würde gerne jemand anderem die Schuld für meine Dummheit geben. Doch es war ganz allein mein Verdienst, weil ich versucht hatte, meiner Schwester auf der Toilette im Nachtclub *Dixie's* zu schreiben und sie zu bitten, mir bei meiner Flucht vor dem Date aus der Hölle zu helfen. Ganz offensichtlich hätte ich das tun sollen, bevor ich acht Gläser Cola-Rum heruntergestürzt hatte, aber im Nachhinein weiß man immer alles besser.

Ich hielt meinen Kopf, stolperte stöhnend aus dem Bett und ging zum Badezimmer, um meine Blase zu erleichtern. Während ich auf dem Thron saß, grübelte ich über die Mysterien des Lebens nach. Schwellen die Finger wirklich an, wenn man betrunken ist? Am Abend zuvor war es mir so vorgekommen, als wäre jeder meiner Finger über mindestens drei Tasten gegangen und alle zusammen hätten den reinsten Buchstabensalat fabriziert – selbst, wenn ich in der Lage gewesen wäre, die Buchstaben zu lesen.

Obwohl ich zugedröhnt war und alles durch den metaphorischen Bierschleier gesehen hatte, hatte ich immer noch keinerlei Anziehung für Cherie gespürt. Versteht mich nicht falsch – Cherie war durchaus hübsch anzusehen, nur … nur … so oberflächlich. Faul und oberflächlich. Dumm, faul und oberflächlich. Eigentlich klang das auch ein wenig nach mir. Schließlich habe ich gerade beschrieben, dass ich zu Mittag aus dem Bett gestolpert bin, nachdem ich im zugedröhnten Zustand mein Handy zerstört hatte, und vor einer Frau fliehen wollte, weil ich wiederum nicht zugedröhnt genug gewesen war, um sie flachzulegen. Cherie könnte meine Doppelgängerin sein.

Zeit zu duschen. *Seufz.* Das schmuddelige Gefühl aus dem Club wurde langsam weggespült. An seine Stelle traten weitere Erinnerungen an den gestrigen Abend: Cherie, wie sie versuchte, mich bei jeder Gelegenheit zu begrabschen, und ich, wie ich bei jedem dieser Versuche ihren Tentakeln auswich, als hätte ich mich auf einen Schießplatz verirrt. Das führte zu noch eifrigerem Schrubben und dem Schwur, meiner Schwester nie wieder zu glauben, wenn sie behauptete, ihre Arbeitskollegin sei ein guter Fang. Und nie, nie wieder Cola-Rum zu trinken.

Um drei Uhr kam ich lebendiger und bereit, Vergeltung zu fordern, bei meiner Schwester an. Aber als meine Nichte mit ihrem Zahnlücken-Grinsen und dem Eifer, meine Beine zu umarmen, die Tür öffnete, beschloss ich, dass das langsame Rösten über offenem Feuer noch eine Weile warten konnte.

»Frohes Neues Jahr, Tante Wellie. Ich will jetzt ein Bussi.« Lily kniff die Augen zu, spitzte die Lippen und wartete darauf, dass ich ihr einen Kuss gab.

Stattdessen packte ich sie unter den Armen und hob sie hoch. Sie stieß ein Quietschen und dann begeisterte Schreie aus, als ich sie herzhaft überall im Gesicht abschmatzte. »Lass mich!« Weiteres Quietschen, gefolgt von weiteren Schmatzern.

»Attackierst du meine Tochter?« Abbies Stimme hallte durch den Flur.

Ich gab meine Versuche auf, meine Nichte zu essen, und starrte über die blonden Knödelchen auf ihrem Kopf hinweg. »Geh spielen, Lils. Tante Ellie tritt Mami gleich in den Hintern.«

»Aber …«

»Ja, in den Hintern. Geh. Sag dem Muffel, dass wir in zwanzig Minuten fahren.«

Was auch immer Lily als Nächstes gefragt hätte, es blieb unausgesprochen. Was sie gleich tun würden, war wichtiger als ihre Empörung darüber, von ihrer komischen Tante herumgeschubst zu werden.

»DAAAAADDDYYY!« Und sie war weg, obwohl das Echo ihrer Stimme noch sehr präsent war.

»Willst du eine Tasse Tee?«

Ich funkelte Abbie an. Ich wollte keine Tasse Tee; ich wollte eine Erklärung. Wie war sie auf die Idee gekommen, dass ich mit einer Frau verkuppelt werden wollte, die ihre Hände nicht bei sich behalten konnte und mehr dumme Anmachsprüche auf Lager hatte als ein Stand up-Comedian aus den Siebzigern?

»Bevor du ganz selbstgerecht wirst, Cherie wäre gut für dich.«

»Einen Scheiß wäre sie.«

»Denk an Lily, Elles. *Lily.*« Meine Schwester war gut darin, mein schmutziges Mundwerk vor meiner Nichte zu zügeln. Zum Glück.

»Was?«, rief Lily aus dem Wohnzimmer.

Abbie und ich riefen gleichzeitig: »Nichts, Baby«, und ich funkelte meine Schwester weiterhin an.

Abbie seufzte und trat näher. »Du brauchst Gesellschaft, Elles. Du verbringst die meiste Zeit entweder bei der Arbeit oder mit Arbeit zu Hause. Willst du nicht jemand Besonderen in deinem Leben haben?«

Jemanden wie Cherie nicht, nein. Meine Schultern sackten nach unten. Ich wusste, dass Abbie sich nur um mich sorgte, aber ich war groß genug, um auf mich selbst aufzupassen. Wenn ich eine Beziehung wollte, würde ich mir schon eine besorgen, klar? Ich war zufrieden in meiner kleinen, einsamen Welt. Ich hatte meine Familie, oder nicht? Und meine Arbeit. Was brauchte ich noch?

»Deine letzte Beziehung ist, was, achtzehn Monate her? Zeit, etwas Neues zu probieren, Liebes.«

Etwas Neues? Ich hatte zuerst auch gar nicht mit Tina ausgehen wollen. Auch das war eine Folge von Abbies Einmischung gewesen. Tina war zu bedürftig, zu eifrig gewesen, hatte schon nach dem zweiten Date den Umzugswagen vor meiner Tür parken wollen. Die reinste Karikatur einer lesbischen Beziehung. Es überrascht mich, dass sie mir zum Geburtstag nicht eine Pipette und einen Samenspender bei eBay bestellt hat.

Wut stieg in mir auf. »Hör auf, okay? Hör einfach auf, Abs. Ich bin kein Wohltätigkeitsfall, der gerettet werden muss.« Warum konnten andere Leute nicht akzeptieren, dass ich allein glücklich war? Was war so toll daran, sich an eine andere Person zu ketten?

Abbie öffnete den Mund, aber ich ließ sie nicht zu Wort kommen. »Nicht jeder braucht jemanden in seinem Leben, um sich komplett zu fühlen, okay?« Ich beobachtete, wie ein verletzter Ausdruck über ihr Gesicht huschte, und konnte mich doch nicht zurückhalten. »Ich brauche das nicht und dich brauche ich auch nicht. Ich gehe.« Damit wirbelte ich herum und ließ meine Schwester fassungslos zurück.

Ich schaffte es nicht einmal zum Auto, bevor ich spürte, wie eine Hand an meiner Jeans zerrte.

»Wo gehst du hin, Tante Wellie?«

Ich drehte mich um und sah hinab.

Große, grüne Augen sahen flehend zu mir herauf. »Mami hat gesagt, du fährst heute mit uns mit.«

Ich öffnete den Mund, um zu sagen, dass ich nicht mitfahren konnte, irgendeine Ausrede für ein Kind zu erfinden, das mir jedes Wort glaubte – aber ich konnte es nicht.

»Ich krieg einen Hund.«

Einen Hund? Ein fremder Funke loderte in mir auf, fast wie etwas, das Leute als Aufregung bezeichnen würden.

»Mami hat gesagt, du kannst beim Aussuchen helfen.« Tränen traten in Lilys Augen und ich beobachtete, wie eine ihre Wange hinablief. »Wenn du nicht kommst, krieg ich keinen.«

Ach Mist.

Zwanzig Minuten später saßen wir alle im Auto meines Schwagers und waren auf dem Weg zum örtlichen Hundeheim. Rob gab sein Bestes, mich zum Plaudern zu bringen, indem er Grimassen in den Rückspiegel schnitt und schlechte Witze riss, aber ich war zu beschäftigt damit, meiner Schwester die kalte Schulter zu zeigen, um zu reagieren.

Lily bemerkte die angespannte Atmosphäre nicht; sie war zu begeistert davon, dass sie einen Hund bekam. Jedes Mal, wenn Abbie meinen Blick suchte, gab ich den unreifen Teenager, drückte mich dichter an die Tür und starrte mit einer Die-Welt-ist-beschissen-Miene aus dem Fenster. Manchmal überraschte ich mich selbst damit, wie unausstehlich ich sein konnte.

Als wir auf den Parkplatz von *Dogs Trust* fuhren, spürte ich, wie sich mein Funke der Aufregung in eine hoch lodernde Flamme verwandelte. Die Wut über meine Schwester konnte ich jetzt getrost vergessen. Es war schwer zu sagen, wer schneller aus dem Auto stieg, Lily oder ich.

Abbie kam vorsichtig auf mich zu und ihre Miene verriet, dass sie abzuschätzen versuchte, wie ich sie nach der Gleichgültigkeit im Auto behandeln würde. »Hör mal, Elles. Es tut mir leid, okay?« Sie neigte den Kopf zur Seite, die Lippen verlegen zusammengepresst. Sie kam noch näher und flüsterte: »Ich … ich werde es nicht wieder tun.«

Ich starrte sie aus zusammengekniffenen Augen ungläubig an. »Wie war das, Abbie?« Ich genoss es, zu sehen, wie sie sich wand.

Sie schnalzte missbilligend mit der Zunge, bevor sie sich wiederholte. »Ich werde es nicht –«

»Stopp«, unterbrach ich sie. »Ich muss von dir ganz genau hören, dass du deine Nase aus meinen Angelegenheiten heraushältst.«

Sie stöhnte genervt und sagte dann: »Ich verspreche dir, Ellie, dass ich meine Nase nicht in dein Leben stecken werde.«

Ich grinste albern. »Das reicht mir.« Ich griff nach ihr und zog sie an mich. »Frohes Neues Jahr, Schwesterchen.«

»Dir auch ein Frohes Neu–«

»Kommt schon! Ich will einen Hund!« Lily zerrte mit aller Kraft am Türgriff und versuchte, ohne uns ins Hundeheim zu gelangen.

Lachend drehte ich mich zu Abbie und Rob um, wurde jedoch von einem Allradwagen abgelenkt, der gerade auf den Parkplatz fuhr. Schotter knirschte unter den Reifen, als das Auto anhielt. Ich weiß nicht, warum ich es für notwendig erachtete, dort hinzustarren. Ich hatte einfach das Gefühl, dass ich den Blick nicht abwenden konnte, bevor ich gesehen hatte, wer dieses Auto fuhr. Nennt es einen komplett verdrehten Moment.

Die Fahrertür öffnete sich in Zeitlupe, als befände ich mich in einer Filmszene. Die nächsten Bilder zeigten ein langes, jeansbekleidetes Bein, das in einem braunen Lederstiefel steckte, dann ein zweites Bein.

Ich beobachtete, wie die Beine schließlich den Boden berührten. Jegliche Feuchtigkeit schien aus meinem Mund zu verpuffen.

»Erde an Ellie.« Abbies Stimme klang, als wäre sie eine Million Meilen entfernt und nur auf einer lauen Brise oder als verschwommene Erinnerung zu mir geschwebt.

Die Person bewegte sich von der Autotür weg und in unsere Richtung. Diese herrlichen Beine schienen immer länger zu werden, je näher sie kamen, und mein Blick wanderte von den Oberschenkeln zu den Hüften, von den Hüften zu dem flachen Bauch im Pulli und weiter zum sanften Wippen einer offensichtlich weiblichen Brust.

Ich blinzelte, als mein Unterbewusstsein offenbar erkannte, dass es unhöflich war, die Brust einer Frau anzustarren – vor allem, wenn man einander noch nicht vorgestellt worden war. Also wanderte mein Blick weiter zu einem schlanken Hals, einem markanten Kiefer, einem schiefen Lächeln und der Spitze einer geraden Nase. Mein Herzschlag schoss in die Höhe und es pochte wild in meiner Brust, als ich das Gesamtbild in mich aufnahm.

»Guten Tag.«

So eine liebliche Stimme. Himmlisch. Engelsgleich und doch mit einem Unterton, der definitiv nicht auf Engelsgesänge und Jungfräulichkeit hindeutete. Mit einem Ruck schloss ich den Mund und meine Zähne klickten wie Kastagnetten. Ich glaube aufrichtig, dass ich selbst mit »Guten Tag« geantwortet habe, kann es aber nicht mit Sicherheit sagen.

Dann war sie weg. Dunkelbraune Haare flatterten durch die Tür ins Gebäude und ließen mich unbefriedigt zurück. Ich hatte ihre Augen nicht gesehen. Ich spürte, dass ich ihre Augen sehen musste. Wenn ich jemandem in die Augen sah, konnte ich darin so viel erkennen. Es war nicht nur die Anziehung, die mir dieses Gefühl gab; es war eine Angewohnheit. Albern grinsend schüttelte ich den

Kopf. Ich drehte mich zu meiner Schwester um, bemerkte aber, dass ich allein war. Was zum …

»Kommst du?« Rob stand in der offenen Tür und wartete auf mich. »Sieht aus, als wären die anderen Ladys scharf auf eine ganz andere Art von Welpenblick.«

Kaum zu glauben, dass er Baumeister ist statt professioneller Komiker, nicht wahr?

Drinnen entdeckte ich den Hinterkopf der geheimnisvollen Frau direkt vor meiner Schwester. Sie sprach leise mit einer der Freiwilligen des Hundeheims. Ich hörte nicht, was sie sagte, aber glaubt mir, ich gab mir große Mühe – und versuchte gleichzeitig, ihr Gesicht zu sehen, vor allem ihre Augenfarbe. Wenn ihr restlicher Körper ein Indiz für jemand Besonderes war, mussten auch ihre Augen perfekt sein.

»Was ist mit dir los?«, zischte Abbie. »Wie viel hast du gestern getrunken?«

Ich brummte und mein unverständlicher Laut schien das Interesse der geheimnisvollen, langbeinigen Allradfahrerin vor uns zu erregen. Sie drehte leicht den Kopf und ich erhaschte fast einen Blick auf ihr Gesicht. Aber dann stellte die Frau, mit der sie sprach, eine Frage und lenkte ihre Aufmerksamkeit wieder auf sich.

Und dann war sie weg und ich blieb mit dem Gefühl zurück, etwas komplett Lebensveränderndes verpasst zu haben. Normalerweise war ich nicht übertrieben dramatisch veranlagt, obwohl ich nun auch wieder nichts gegen etwas Melodrama hatte, wenn ich mit meiner Schwester zusammen war. Trotzdem wusste ich, dass ich die Frau von Kopf bis Fuß sehen musste, bevor ich so etwas wie inneren Frieden empfinden konnte.

Zehn Minuten später durften wir durch die Türen in den hinteren Bereich treten, wo die Hunde untergebracht waren. Als ich ihre niedlichen, kleinen Gesichter sah, vergaß ich beinahe meine Mission und benahm mich genauso wie Lily. Zu beobachten, wie ihre Augen groß wurden, ihr Mund vor Staunen offenstand und sie kein Wort herausbekam, weckte die Sehnsucht an die Tage in mir, als allein der Geruch und das begeisterte Lecken eines Hundes die Welt wieder zurechtgerückt hatte.

Für mich lag das lange, lange zurück. Nachdem Toby gestorben war, hatte ich mir geschworen, in meinem ganzen Leben nie wieder zuzulassen, dass ein Hund mir hoffnungslos den Kopf verdreht.

Er war mein erstes und letztes Haustier gewesen, mein besonderer Junge. Dank ihm gehörte es sogar zu den besten Erinnerungen meines Lebens, mit Schlamm und anderen unaussprechlichen Dingen bedeckt zu werden. Meine Beziehung zu Toby war völlig anders gewesen als alle Freundschaften, die ich davor gehabt hatte. Wenn ich so zurückdenke, war ich wohl schon damals verliebt gewesen, hatte mir aber nicht erlaubt, mich an diese Liebe für Toby zu erinnern, weil es zu schmerzhaft war. Ich hatte lange gebraucht, die Bilder an die letzten Momente meines lieben Jungen auf dieser Erde aus meinen Träumen zu vertreiben. Ich konnte mich der Möglichkeit nicht öffnen, noch jemanden zu verlieren, der mir die Welt bedeutete.

Gott. Sein Vertrauen in mich, die absolute Hingabe, als ich ihn langsam in den Raum zum Tierarzt geführt hatte, damit der seinen Schmerzen ein Ende setzte. Ich erinnere mich noch daran, wie Toby mich angesehen hat, erinnere mich an die Akzeptanz, das Verständnis. Es tut weh, an das Gefühl seines Fells unter meinen Fingern zu denken, und wie ich ein letztes Mal seine Körperwärme gespürt habe, bevor die Kälte kam.

Eine Injektion. Toby hatte Zeit, mich anzusehen, meine Hand zu lecken und sich hinzulegen, als hielte er nur ein Schläfchen. Ich spürte das Stechen in meiner Brust, den Schmerz, der sich wie eine Krankheit ausbreitete und jede Erinnerung an Glück zerstörte, die ich je gehabt hatte.

Noch schwerer war es, ihn ganz allein dort zurückzulassen. Für mich war er nicht tot; er schlief nur. Wenn ich ging und ihn allein ließ, würde er an einem fremden Ort aufwachen und seine Mama suchen. Schwer. So verdammt schwer.

Damals war es Abbie gewesen, die meine Hand genommen und mich an sich gezogen hatte. Abbie, die mich im Arm gehalten hatte, während ich um meinen Verlust trauerte. Abbie, die mich nach Hause gebracht hatte und bei mir geblieben war, bis ich mich in den Schlaf geweint hatte. Sie war immer noch da gewesen, als ich aufwachte und mich daran erinnerte, was ich getan hatte. Es fühlte sich an, als hätte ich Toby ermordet. Der Teil meines Gehirns, der mir sagte, dass es das Richtige war, hatte mich nicht überzeugt.

»Hey, Ellie.« Abbies leise Stimme riss mich aus der Erinnerung an diese traurige Zeit. Eine Träne war unbemerkt entkommen und Abbie beugte sich zu mir und wischte sie weg. »Alles in Ordnung?«

Ich nickte und schniefte.

»Wenn du lieber gehen willst –«

»Mami! Schau mal! Sie mag mich.« Lily stand Nase an Nase mit einer Jack Russell-Dame, die eifrig versuchte, sie durch die Stäbe des Zwingers abzulecken.

Wie konnte ich meiner Nichte das antun? Oder dem Jack Russell. Der Winzling versuchte mit aller Kraft, zu Lily zu gelangen.

»Nein, schon gut.« Ich zerzauste Lilys Haare und zog sanft an einer Strähne. »Ich sehe mich einfach ein bisschen um.«

Abbie nickte und schenkte mir ein mitfühlendes Lächeln.

Während ich Erinnerungen an meinen Jungen heraufbeschworen hatte, war die Frau in Vergessenheit geraten, die für kurze Zeit meine Aufmerksamkeit angezogen hatte. Doch als ich zum anderen Ende der Zwinger ging, war sie dort. Sie hatte mir den Rücken zugewandt und kniete auf dem Boden. Ich konnte hören, wie sie mit hoher, sanfter Stimme mit jemandem sprach.

Ich trat zur Seite, um den Empfänger ihrer Aufmerksamkeit zu sehen. Ein Border Terrier sprang vor ihr auf und ab, wedelte wild mit dem Schwanz und hielt einen Ball im Maul. Etwas klickte in meiner Brust, als ich die Lebendigkeit und Begeisterung des kleinen schwarzbraunen Fellballs sah – aber das war noch nichts verglichen mit dem Gefühl, das mich überkam, als er mich bemerkte. Schimmernde, dunkelbraune Augen zogen mich magisch an und sein Schwanz stockte, bevor er wie verrückt weiterwedelte.

Ich bemerkte nicht einmal, dass ich niederkniete, bis der Hund mir in die Arme sprang, den Ball links liegen ließ und mit eifriger Zunge die Reste meiner Tränen wegleckte. Ich lachte und der Hund gab mich noch eifrigere Begrüßungsküsse.

»Hey, Kleiner.« Noch mehr Lecken und Winseln. »Willst du Ball spielen?«

»*Wuff*!«

Er lief zu dem weggeworfenen Ball, nahm ihn und brachte ihn direkt zu mir zurück. *Wupp*. Er fiel auf den Boden und der Hund stupste ihn mit der Nase näher zu mir.

»*Wuff*!«

Ich griff nach dem Ball, ließ ihn vom Boden abprallen und lachte, als das kleine Fellknäuel versuchte, ihn zu schnappen

»Charlie! Hierher, Junge!«

Wieder diese Stimme – die, die ich erst zweimal gehört hatte, aber bereits zu kennen schien. Sie zwang meine Aufmerksamkeit von

13

dem spielenden Hund weg. Ich sah zu der Frau hinüber und blickte zum ersten Mal in ihr Gesicht. Fuck. Ja, gott. Sie war alles, was ich mir erträumt hatte, und mehr. Der Atem stockte in meiner Kehle und mein Herz pochte so laut, dass ich schwören könnte, dass jeder im Raum es hören konnte.

Charlie hörte auf, den Ball zu jagen, und drehte den Kopf zur Sprecherin, dann zu mir, dann wieder zu der Frau.

»Komm her, Kumpel!«

Okay. Sie war attraktiv. Sie hatte die Stimme eines Engels. Und ja … diese Augen, Gott, diese Augen. Dunkelbraun. Tiefgründig. Seelenvoll. Ich hatte Schwierigkeiten, meine Aufmerksamkeit zwischen ihr und Charlie aufzuteilen … Aber eins nach dem anderen. Sie wollte Charlie von mir weglocken.

Wir spielten bloß Ball, hatten nur eine gute Zeit. Ich fühlte mich herausgefordert und schlug mir wiederholt mit der Hand auf den Oberschenkel. »Charlie, Charlie! Hol ihn dir! Hol dir dein Bällchen!«

Armer Junge. Er sah weiterhin zwischen mir und ihr hin und her, den Ball fest im Maul. Ein Zucken seines Schwanzes verriet mir, dass er entschied, zu wem er gleich ging – vielleicht war er eine empfindliche Seele und wollte die Gefühle der anderen nicht verletzen oder, was wahrscheinlicher war, er überlegte, wer weiterhin den Ball für ihn werfen würde. Er legte sein geschätztes Spielzeug vorsichtig auf den Boden und stupste es an, sodass es zwischen uns rollte.

Ich nahm die Herausforderung an und warf mich zur Seite. Unglücklicherweise tat die Allradfrau genau dasselbe. Hände griffen nach dem roten Plastikball und es wirkte eher wie eine Rangelei bei einem Rugby-Match statt einer Spielstunde mit einem vierbeinigen Freund. Ich bekam den Ball mit einer Hand zu fassen, nur um selbst fest gepackt zu werden. Bei der Berührung zuckten Funken meinen

Arm entlang. Normalerweise hätte ich fallen gelassen, was ich gerade hielt, aber nein. Das war mein Ball.

Ein Ziehen. Schweres Atmen. Ein weiteres Ziehen, Zähneknirschen. Weitere schwere, mühsame Atemzüge, gefolgt von einem ungeduldigen Bellen hinter uns.

Mit einem plötzlichen Kraftschub riss ich den Ball an mich und glaubte ernsthaft, dass ich ihn für mich gewann. Allerdings schaffte ich es nur, die Frau mitzuziehen und unter ihrem ganzen Körpergewicht flach auf den Rücken geworfen zu werden, wobei mein Kopf auf den Boden knallte.

Ich öffnete die Augen und war kurz sprachlos, da die Frau jetzt auf mir lag. Ihre braunen Augen waren entsetzt geweitet, ihre Lippen bewegten sich entschuldigend. Aus der Nähe war sie absolut atemberaubend, mal abgesehen davon, dass ihr Gewicht auf meiner Brust schmerzte.

»*Wuff*!«

Charlie war neben uns und versuchte, den Kopf zwischen unsere verblüfften Gesichter zu schieben und Aufmerksamkeit zu bekommen. Wir waren beide wie gebannt im Anblick der anderen gefangen und er wurde zappelig.

»Ellie! Was zum Teufel machst du da?«, erklang Abbies Stimme in der Tür.

Ich versuchte, mich herauszuwinden, aber ich wollte den Ball immer noch nicht loslassen – und meine Rivalin auch nicht.

»Prügelst du dich?«, fragte Abbie.

Dunkle Haare strichen über mein Gesicht, als die Frau sich zu meiner Schwester umdrehte. Ich beobachtete fasziniert, wie sich ihre stoische Miene in ein wundervolles Lächeln verwandelte.

»Guten Tag. Sind Sie eine Verwandte?«

Hübsche Art, ein Gespräch zu beginnen, wenn man bedachte, dass es von der Angreiferin kam, die mich gerade zu Boden drückte. Nicht gerade die übliche Begrüßung, die man mitten in einem Ringkampf aussprechen würde. Und warum schickte Abbie die Frau nicht mit einem Tritt in den Hintern bis ins Jahr 2013?

»Sie ist meine Schwester.«

Verdammt nochmal, Abbie! Schaff sie runter von mir! Bei der Bemerkung meiner Schwester brach ein Lachen aus der Frau über mir heraus.

»Sie haben Ellie also kennengelernt?«

»Scheinbar lernen wir uns gerade sogar sehr gut kennen.«

Ich wand mich, um sie daran zu erinnern, dass ich noch unter ihr feststeckte.

Braune Augen huschten wieder zu mir und sie schenkte mir ein bezauberndes Lächeln. »Hallo, Ellie. Nett, dich kennenzulernen.«

War da ein Funkeln in ihren Augen? Ich biss die Zähne zusammen, denn ich wollte ihr gerade einige wenig damenhafte Namen andichten.

»Kann ich meinen Ball haben?«, fragte die Frau.

Was war das denn? Ein beschissener Zeitsprung zurück in die Kindheit? War ich die böse, alte Hexe von nebenan, die dem Kind den Ball nicht zurückgeben wollte, nachdem er ihre Petunien geplättet hatte?

»Ihren Ball?« Abbie trat in den Raum und stellte sich neben uns. »Hallo, Kleiner.«

Charlie leckte ihre Hand und wandte sich dann wieder uns Schlägertypen zu.

»Ich glaube, sie meint deinen Ball, oder?« Sie kraulte Charlie hinter den Ohren, bevor sie sich wieder auf uns konzentrierte. »Würde mir freundlicherweise jemand erklären, was hier los ist?«

Ich entspannte mich kurz und lockerte damit auch meinen Schraubstockgriff um den Ball.

Meine Fängerin verlor keine Zeit. Sie entrang mir die Beute in einer fließenden Bewegung und war so schnell aufgestanden, als wäre sie von einem Trampolin hochgesprungen.

»Uff!«

»*Wuff*!«

Die Frau schüttelte sich, drehte sich zu Abbie, streckte die freie Hand aus – die nicht diebische – und verkündete: »Emily Carson. *Carson Property Developments.*«

Also hatte sie einen Namen und ein Unternehmen. Wen interessierte das schon?

»Abigail Culligan.« Meine Schwester interessierte es offenbar. »Und die da auf dem Boden ist meine Schwester Ellie McSmelly.«

Emily Carson verzog nachdenklich das Gesicht, während sie den Spitznamen verarbeitete, den meine Schwester zum Schießen fand.

»Eigentlich Ellie Anderson.«

War ich immer so angepisst und distanziert? Vielleicht klang ich so, weil ich den Ball und damit auch das Interesse des kleinen, braunäugigen Hundes verloren hatte. Ich spürte ein Kratzen an meinem Bein und bemerkte, dass Charlie versuchte, meine Aufmerksamkeit zu bekommen. Ich kraulte seinen Kopf.

»Freut mich, euch kennenzulernen, Abigail und … Ellie.«

Hatte sie bei meinem Namen mit Absicht gezögert, um mich noch mehr zu reizen?

»Und das ist Charlie, der Hund, den ich hoffentlich adoptieren werde.«

»Also ist es noch nicht entschieden?« Warum war ich so zickig? Eine wirklich heiße Frau stand vor mir, die Frau, die ich unbedingt aus nächster Nähe hatte betrachten wollen, und ich verhielt mich wie die letzte Idiotin, weil sie den Hund adoptieren wollte, den ich vor wenigen Augenblicken erst kennengelernt hatte. Ich sollte mich wirklich zusammenreißen.

»Hm?«

»Ich habe gesagt …« Vielleicht konnte ich mich doch nicht zusammenreißen. »Du hast Charlie noch nicht adoptiert? Es ist noch nicht entschieden?«

»Was meinst du damit, es ist nicht entschieden? Mein Besuch bei ihm war geplant, und dann bist du reingeplatzt und hast unsere gemeinsame Zeit gestört.«

Wut loderte in mir auf. »Tut mir leid. Ich habe das Bitte-nicht-stören-Schild an der Tür nicht gesehen.« Ich marschierte zur Tür hinüber, riss sie herum und tat so, als würde ich sie inspizieren. »Nein. Da ist nichts.«

»Ellie!«

Die Bestürzung in Abbies Stimme hätte mir eine Warnung sein sollen. Ich verhielt mich wie ein völlig anderer Mensch. Vielleicht waren das die Nachwirkungen der Rum-Colas vom vorigen Abend. Tatsächlich fühlte ich mich gar nicht gut. Mein Mageninhalt stieg plötzlich mit einem Satz in meine Kehle hoch. Ich wusste, es war nur eine Frage von Augenblicken, bis die Überreste von allem, was ich in den letzten paar Stunden gegessen und getrunken hatte, für alle sichtbar zum Vorschein kommen würden.

»Ent-schuldigt … mich.« Und dann stürzte auf der Suche nach der nächsten Toilette den Korridor entlang. Glücklicherweise wartete mein Magen, bis mein restlicher Körper in Position war, bevor er sich nach außen stülpte und mir ein psychedelisches Pizza-Kunstwerk mit Würggeräuschen als Hintergrundmusik spendierte.

Nachdem ich mich übergeben, geheult, mir das Gesicht gewaschen und den Mund ausgespült hatte, fühlte ich mich etwas besser. Beschämt, aber besser. Warum hatte ich mit Emily Carson gerungen? Warum hatte ich ihr Recht auf Charlie herausgefordert? Charlie war ein Hund, der ein gutes Zuhause brauchte, eine Menge Liebe und Aufmerksamkeit – nicht zwei Frauen, die auf dem Boden seines Zwingers um seinen Ball kämpften. Ich sollte mich für mein Verhalten entschuldigen, meine eigene Dummheit oder Übelkeit vorschieben und dann Emilys Hand schütteln und ihr alles Gute für ihr Leben mit dem hinreißenden Charlie wünschen. So machten das Erwachsene.

Als ich in den Raum zurückkehrte, in dem ich Abbie, Emily und Charlie zuletzt gesehen hatte, fand ich dort nur Stille. Wohin waren alle gegangen? Ich ging dorthin zurück, wo ich Lily und Rob zuletzt gesehen hatte. Ebenfalls niemand. Plötzlich bemerkte ich, dass es ziemlich leise für ein Tierheim war – kein Winseln, kein Personal in der Nähe. Es war wie auf dem Geisterschiff der Hunde.

Dann hörte ich ein Quietschen, gefolgt von aufgeregtem Bellen. Ich folgte den Geräuschen und trat durch eine mit *Hof* beschilderte Tür ins Freie.

Wie erwartet standen dort Abbie, Rob und Emily und plauderten, während Lily mit zwei Hunden ohne Leine spielte. Einer war die Jack Russell-Dame, die sie durch die Stäbe hatte abküssen wollen, und der andere war Charlie, die Hauptattraktion. Lily warf den roten Ball, damit die Hunde ihn fangen konnten. Interessant, dass Emily kein Problem damit zu haben schien, dass andere ihre runden Dinger berührten … das war falsch herausgekommen.

Während ich beobachtete, wie Charlie mit der anderen Hündin und meiner Nichte spielte, fühlte ich wieder diese besondere Wärme. Warum war ich diesem kleinen Mann verfallen? Es gab mehr als genug Hunde, die ein liebevolles Heim brauchten. Warum er? Und warum jetzt? Ich hatte nicht vorgehabt, einen Hund zu adoptieren, als ich mich vorhin ins Auto gesetzt hatte, warum dachte ich also darüber nach, mit Emily Carson um ihn zu kämpfen?

In diesem Moment fielen tiefbraune Augen auf mich. Ein aufgeregtes »*Wuff*« drang aus seinem Maul und er sprintete zu mir herüber, den Ball völlig vergessen.

Ich kniete mich hin und legte die Hände an seinen Kopf, bevor ich seine Ohren kraulte, was ihn grinsen und hecheln ließ. »Gefällt dir das, Kumpel? Ja … das fühlt sich gut an, oder?«

Bei meinen Worten wich Charlie zurück, als wollte er zu Emily zurückgehen, und kam dann wieder zu mir, nur um sich wieder in Emilys Richtung zu bewegen. Es war ein Moment wie in diesen Filmen, in denen der Hund jemanden zu seinem Besitzer führen wollte, der in einen alten Brunnen gefallen war. Ich verstand den Wink und folgte ihm zu den Erwachsenen hinüber. Es war Zeit, die Nette zu spielen.

Ich beschwor ein freundliches Lächeln herauf und streckte die Hand aus. »Hallo. Mein Name ist Ellie Anderson. Freut mich, dich kennenzulernen.«

Emily zögerte, als überlegte sie, ob irgendwelche Hintergedanken hinter der Geste steckten.

Glaubte sie, ich würde an ihrer Hand ziehen und sie auf den Boden werfen? Dachte ich etwa selbst darüber nach, das zu tun?

»Wir hatten offensichtlich einen schlechten Start. Das tut mir leid. Ich habe keine Ahnung, warum ich mich so verhalten habe.« Das stimmte auch zum Teil. Ich war nicht sicher, warum ich mit der Frau vor mir gerungen hatte, wusste nur, dass ich den Ball und dadurch auch Charlie für mich hatte haben wollen.

Ich beobachtete fasziniert, wie ihr nüchterner Ausdruck sich in etwas wahrhaft Atemberaubendes verwandelte. Emily Carson musste die schönste Frau sein, die ich in all meinen dreiunddreißig Jahren je zu Gesicht bekommen hatte. Ihre Hand glitt in meine und ich spürte erneut diesen Schock, den ich zuvor bereits bei unserem Kampf um den Ball erlebt hatte. Anstatt den Handschlag zu lösen, hielten wir ihn etwas länger als üblich.

»Ähm … halb so wild. Schön, dich endlich kennenzulernen.«

Braune Augen erwiderten meinen Blick und in ihren Tiefen lag eine Frage. Vielleicht wollte sie ebenfalls wissen, was dieser Funke zwischen uns bedeutete, oder auch nur, warum ich immer noch ihre Hand hielt.

Bei diesem Gedanken zog ich die Hand hastig zurück und schob sie in meine Hosentasche. Ich zwang mich, Emily nicht mehr anzustarren, konnte den Blick aber nicht losreißen. Es lag nicht nur daran, dass sie wunderschön war, es war etwas Anderes. Ich konnte nur nicht genau benennen, *was* es war.

Ein Husten neben mir riss mich aus meiner Faszination für die hinreißende Emily. Ich drehte mich zu Abbie. »Hast du was im Hals?«

Sie biss sich auf die Lippe und verkniff sich ein böses Wort, bevor sie mir ein angestrengtes Grinsen schenkte. »Wir haben Emily gerade von deinem Unternehmen für Landschaftsgestaltung erzählt.«

Ich wollte sagen: »Ja, und?«, hielt mich aber zurück. Schließlich gab ich mir gerade Mühe, nett zu sein.

»Sie hat gerade Millers Farmhaus gekauft und will den Garten dort auf Vordermann bringen.«

Ich empfand nicht die leiseste Spur von Glück darüber, dass mir meine Schwester einen Auftrag zuspielen wollte, und verspürte lediglich den Drang, sie zu würgen. Sie tat es schon wieder –

versuchte, mich mit jeder verfügbaren Frau zu verkuppeln, die sie finden konnte, auch wenn diese Frau hetero war.

»Ja. Ich muss ihn für Charlie hundesicher machen.«

Ein doppelter Schlag also – meine Schwester versuchte, mich mit Emily zu verkuppeln, und Emily betonte, dass sie Charlies neue Mama sein würde. Was konnte ich da schon tun? Mich nach zwei Dingen sehnen, die nie mir gehören würden, das konnte ich tun.

»Hier ist meine Karte.« Wie durch Magie lag plötzlich eine schlichte, kleine Visitenkarte, auf die *Carson Property Developers* geprägt war, zwischen meinen Fingern.

»Oh, ähm … richtig.« Ich wollte ihr gerade meine Karte geben, aber sie hielt die Hand hoch.

»Nicht nötig. Deine Schwester hat mir deine schon gegeben.«

Ja, ich wette, das hatte sie. Und eine Zusammenfassung meines ganzen bisherigen Lebens, so wie ich Abbie kannte.

»Ich habe schon von deinem Unternehmen gehört. Nur Gutes.«

Ich lächelte und nickte, da ich mir in diesem Moment nicht zutraute, zu sprechen.

»Ich würde mich freuen, wenn du zu mir kommen und dir das Land ansehen könntest.«

Prahlte sie? Dass ich nur viertausend Quadratmeter hatte, bedeutete nicht, dass es nicht erstklassiges Land war. Es war mehr als genug, um einen kleinen Hund sehr glücklich zu machen. »Klar.« Ein weiteres Lächeln, um die Vereinbarung zu besiegeln. »Sag Bescheid, wann.«

»Wäre morgen zu früh?«, fragte Emily.

Scheiße. Ja. »Perfekt. Ich sehe dich um eins herum dort«, antwortete ich. *Ich rufe morgen früh an und sage ab. Jepp. Ein wunderbarer Plan.*

»Könnten wir es etwas später machen? Sagen wir, um drei? Um zwölf besuche ich Charlie.«

Ja, streu noch Salz in die Wunde. Ich nickte und drehte mich zu besagtem Vierbeiner um.

Er saß neben Lily und genoss all die Aufmerksamkeit, die sie beiden Hunden gab. Es war, als spürte er, dass ich ihn ansah, denn er drehte sich um und wedelte mit dem Schwanz, bevor er einmal bellte, als wollte er fragen: »Was?« Gesegnetes Fellknäuel.

»Sieht aus, als wollte er spazieren gehen.« Emily trat vor mich und blockierte meine Sicht auf Charlie. »Es war nett, dich zu treffen, Ellie. Bis morgen.« Und dann war sie weg und nahm den Jungen mit, in den ich mich verliebt hatte.

Kapitel 2

Die Rückfahrt zu Abbie war angefüllt mit Lilys aufgeregtem Geplapper. Sie würden Poppy, die Jack Russell-Hündin, adoptieren und Lily wollte sie *Jessie J* nennen, was bestimmt *nicht* passieren würde.

Bei *Dogs Trust* konnte man nicht einfach sagen: »Den will ich.« Man musste beweisen, dass man sich um ein Haustier kümmern konnte, und eine der wichtigsten Voraussetzungen war ein geeignetes Haus mit einem Garten.

Ich grinste. Ein sicherer Garten. Ein Garten, in dem der Hund frei sein, aber aus dem er nicht ausreißen konnte. Ich grinste weiter. Emily Carson wollte, dass ich ihren Garten sicher genug für einen Hausbesuch machte, damit Charlie bei ihr zu Hause sein konnte statt bei mir. Einen flüchtigen Moment lang fühlte ich mich mächtig.

Abbie, Rob und Lily gingen für Poppy eine Verpflichtung ein. Sie mussten jeden Tag zu *Dogs Trust* fahren, damit Lily eine Verbindung zu Poppy aufbauen und sie wirklich kennenlernen konnte. Glücklicherweise waren ihr Garten und ihr Haus hundesicher. Sie waren auch alle sehr enthusiastisch was Poppys Adoption betraf – ein weiterer Vorteil.

Es gefiel mir, wie die Organisation funktionierte. Sie erlaubten nicht einfach jedem, einen Hund mitzunehmen; es musste die richtige Person sein und der Hund musste glücklich sein. Diese Regel galt für alle. Alle.

Ich grinste wieder.

»Magst du Poppy, Tante Wellie?«

»Sie ist ein Engel, Lil.«

»Nein, ist sie nicht. Sie ist ein Hund.«

Kinder. Man muss sie einfach lieben.

Nach dem Abendessen hatte Rob ein Fußballmatch, das seine ganze Aufmerksamkeit beanspruchte, verkrümelte sich ins Wohnzimmer und nahm eine schläfrige Lily mit sich. Sie liebte es, sich auf dem Sofa neben ihm zusammenzurollen, wenn er fernsah, obwohl ich bezweifelte, dass sie dort viel Schlaf bekam, so oft, wie er den Schiri anschrie.

Ich half Abbie, die Töpfe wegzuräumen, und trocknete ab, während sie spülte. Ich wusste, dass sie über etwas reden wollte, und wusste auch, was dieses Etwas sein würde.

»Emily ist nett, oder?«

Ich trocknete weiterhin ab.

»Sie hat einen guten Ruf als Immobilienentwicklerin.«

Ich legte einen weiteren abgetrockneten Teller auf den Stapel.

»Und sie ist lesbisch.«

Klirr.

»Pass auf meine Teller auf, Ellie.«

Ich kniete mich nieder und begann, die Scherben dessen einzusammeln, was gerade noch einer von Abbies schönen Tellern gewesen war. Ohne aufzusehen, fragte ich: »Und ich nehme an, das Gespräch ist zufällig darauf gekommen, oder?«

Abbie gesellte sich mit Handbesen und Kehrblech in der Hand zu mir auf den Boden. »Nein, eigentlich nicht. Ich habe viele Dinge beobachtet, die mir verraten haben, dass sie eher sapphische Neigungen hat.« Sie hielt inne, um ein stures Stück Porzellan über

25

die Fliesen zu verfolgen. »Ihren Schlüsselanhänger zum Beispiel – Stonewall. Den Aufkleber an ihrem hinteren Autofenster – Stonewall. Den Ring an ihrem kleinen Finger –«

»Der war auch Stonewall?«

Abbie stand auf und gab mir einen Klaps auf den Hinterkopf. »Idiotin. Nein.«

Ich rieb die Stelle, als ich ebenfalls aufstand, und sie ging weg, um die Scherben zu entsorgen. »Und wie sie dich ständig angestarrt hat, wenn sie dachte, du würdest es nicht merken.«

Mein Herz hämmerte dramatisch in meiner Brust, als wollte es an einen neuen Ort namens Hoffnung umziehen. »Das hat nichts zu bedeuten, Abbie. Leute sehen andere Leute ständig an.«

Abbie lachte. »Stimmt. Aber nicht auf diese hechelnde Ich-will-dich-Art.«

»Pfft!«

»Du kannst *pfft* machen, so viel du willst. Es war so offensichtlich: Emily Carson will dich, leidenschaftlich.«

Grüne Augen trafen auf ebenso grüne Augen und ich wusste, dass Abbie mich nicht auf den Arm nahm. Sie gönnte sich vielleicht etwas Wunschdenken, aber in diesem Moment glaubte sie alles, was sie sagte.

»Ich muss los. Bis bald, ja?«

Abbie neigte den Kopf und sah mich an.

»Bevor du irgendwelche Pläne schmiedest, vergiss nicht, dass du es mir versprochen hast.«

Abbie seufzte und nickte.

»Und ich muss wirklich los. Anscheinend muss ich mir morgen Millers Farmhaus ansehen.«

Bevor ich ging, verabschiedete ich mich noch von Rob. Lily schnarchte neben ihm auf dem Sofa.

Ich hatte gerade die Tür zu meinem Pick-up geöffnet, als Abbie von hinten an mich herantrat. Sie schlang die Hände um meine Taille und drehte mich herum, damit sie mich in ihre Arme schließen konnte. Ihre leise Stimme flüsterte in mein Ohr: »Ich weiß, wie sehr das heute wehgetan hat. Und wie sehr du Toby noch vermisst. Das tun wir alle, Ellie.«

Meine Brust wurde schwer und ich nickte an ihrer Schulter.

»Eines Tages, hm?«

Ich brachte ein Schniefen zustande, ein weiteres Nicken und ein gekrächztes: »Ja. Eines Tages.«

Als ich nach Hause kam, ging ich direkt zum begehbaren Schrank im Schlafzimmer. Auf dem Regalbrett über den Kleiderstangen standen Kisten voller Erinnerungsstücke. Erinnerungen, die ich vergessen, aber auch in meiner Nähe wissen wollte. Kisten, auf denen »Mum und Dad« und »Familie« stand, und eine Kiste mit der Aufschrift »Toby«.

Letztere nahm ich herunter und trug sie ins Wohnzimmer, wo ich mich auf meinen Sitzsack fallen ließ und die Kiste auf den Oberschenkeln balancierte. Als ich den Deckel anhob, wurde ich von braunen Augen und einem breiten Grinsen begrüßt, und ich spürte, wie Tränen in meinen Augen brannten. Ich hob das Bild heraus und sah in die Augen meines Jungen. Wenn ich genau hinsah, konnte ich mein Spiegelbild in seinen Pupillen erkennen. Ich war jünger, glücklicher und genauso in ihn verliebt gewesen wie er in mich. Ich legte das Bild vorsichtig beiseite und nahm ein anderes heraus. Auf diesem war Toby neun Monate alt und rannte durch den Garten, um eine Katze zu jagen, die beschlossen hatte, dass hinter meinem Haus der perfekte Ort für ein Sonnenbad war. Allerdings nicht, solange

Toby ein Wörtchen mitzureden hatte. Ein schnaubendes Lachen kam mir über die Lippen, gefolgt von einem Schluchzen.

Jedes Bild war wie Zuckerbrot und Peitsche zugleich. Es tat so weh, ihn zu sehen, und doch tröstete das Wissen meine Seele, dass ich jemand so Besonderen gehabt und meine Welt mit ihm geteilt hatte. Hochglanzfotos von den besten dreizehn Jahren meines Lebens – jeder Moment eine Erinnerung daran, was ich gehabt und dann verloren hatte.

Es war fünf Jahre her, seit ich ihm Lebwohl hatte sagen müssen, und fünf Jahre, seit ich mir zuletzt ein Foto von ihm angesehen hatte. Ich fühlte mich schuldig, fast als hätte ich sein Andenken vernachlässigt, aber es hatte zu sehr wehgetan, die Fotos zu sehen, und auch in diesem Moment brannte der Schmerz an die Erinnerung tief in meiner Brust.

Zwei Stunden später legte ich alle Fotos in die Schachtel zurück und schloss den Deckel. Anstatt sie aber in den Schrank zu räumen, stellte ich sie auf den Kaffeetisch. Es war Zeit, nach vorne zu sehen … Zeit, Toby aus der Dunkelheit herauszubringen und mit ihm auch mich selbst. Ich würde ein Fotoalbum und ein paar Rahmen kaufen. Ich wollte ihn wieder sehen. Zeit heilt alle Wunden, und obwohl der Schmerz nie gänzlich verschwindet, wird es leichter, damit umzugehen. Mein Dad hat immer gesagt, dass Haustiere uns zeigen, wie man lieben soll, und obwohl es grausam scheint, dass sie uns zu früh genommen werden, dauert ihre Liebe an. Liebe ist etwas, das wir schätzen sollten, anstatt uns davor zu verstecken. Es ist eine Schande, dass mein Dad seinen eigenen Worten nicht gerecht werden konnte, als es darum ging, mich zu lieben.

Ich hatte beschlossen, dass ich mich nicht mehr verstecken würde. Morgen würde ich wieder zu Charlie fahren. Ich wusste, dass

Emily seine Mum sein wollte, dachte aber, dass ich das vielleicht auch sein konnte.

Ich schätze, es war vielleicht ein wenig hinterhältig von mir, am nächsten Morgen um neun Uhr zu *Dogs Trust* zu fahren, obwohl ich wusste, dass Emilys Termin um zwölf Uhr war. Wen kümmerte das schon? Mich nicht. Als ich in Charlies Augen gesehen hatte, hatte etwas in mir Klick gemacht, etwas, von dem ich ausgegangen war, dass ich es nie wieder spüren würde. Wenn die Organisation beschloss, dass Emily die bessere Hundemutter war, dann sollte es so sein. Ich würde die Zurückweisung akzeptieren. Vielleicht.

Eine Frau begrüßte mich an der Tür und Verwirrung trat auf ihr Gesicht, als ich darum bat, Charlie zu sehen.

»Charlie hat schon eine Interessentin für die Adoption.« Ihre Stimme bebte. »Einen Moment …« Sie trabte zur Rezeption hinüber und gab ein Passwort in den Computer ein, was den Bildschirm zum Leben erweckte.

»Sind Sie Emily Carson?«

Sie wusste, dass ich nicht Emily war, informierte mich aber höflich, dass Charlies Adoption schon im Gang war. Warum sonst wäre das bereits im System vermerkt?

Sie drehte sich um und sah mich entschuldigend an.

Es war Zeit, allen Charme einzusetzen, den ich besaß – und das war nicht gerade viel. »Ich will ihn nur sehen. Er ist so niedlich, nicht wahr?«

Die Frau lächelte und nickte. »Das ist das Problem. Das sind sie alle.«

Ich warf einen verstohlenen Blick auf ihr Namensschild, bevor ich breit lächelte. »Ann, ich bewundere Leute wie Sie.«

Ihr Lächeln wankte. »Leute wie mich?« Sie zögerte kurz, bevor sie fortfuhr. »Warum würden Sie jemanden wie mich bewundern?«

»Wo wären unsere vierbeinigen Freunde denn ohne Sie? Wer würde sich um sie kümmern?«

Ann lachte. Laut. »Netter Versuch.«

Ich verzog das Gesicht, um zu zeigen, dass ich wusste, dass ich aufgeflogen war. Das entlockte ihr erneut ein Lachen und diesmal fiel ich mit ein. Einen Augenblick später verstummten wir und Ann sah mich erwartungsvoll an.

»Ich weiß, dass jemand anders ihn adoptieren will, aber als ich ihn gestern besucht habe, hatte ich keine Gelegenheit, mit jemandem über eine Adoption zu sprechen.«

Ann sah mir tief in die Augen, als wollte sie mir irgendein Versprechen abnehmen, dann seufzte sie und nickte. »Na, dann kommen Sie. Bereiten wir Charlie eine Freude.«

Während sie an mir vorbeiging, wollte ich die Faust in die Luft recken und »Ja!« zischen, beschloss aber, dass ich mich vorerst erwachsen genug geben sollte, um mich einer Hundeadoption als würdig zu erweisen.

Während wir nach hinten gingen, wollte meine boshafte Seite Hinweise darüber fallen lassen, dass ich Emily gestern gesehen hatte und sie offenbar keine richtige Verbindung zu dem Hund gehabt hatte. Aber nein … das war nicht mein Stil. Alles musste fair ablaufen.

Doch wem machte ich etwas vor? Das hatte nichts mit Fairness zu tun. Ich konnte das Emily nicht antun. Ich mochte sie. Fühlte mich von ihr angezogen. Ich meine, wie viele Frauen kannte ich, auf die ich genauso reagiert hatte wie auf sie? Ich hatte noch nie einen richtigen Funken verspürt, wenn ich jemanden berührt hatte. Hatte nie zuvor so dringend die Augenfarbe von jemandem sehen wollen.

Und sie zusammen mit Charlie zu sehen … ich seufzte. Ich fühlte mich schuldig, weil ich im Hundeheim war, aber ich wollte den kleinen Mann auch wiedersehen. Nur dieses eine Mal. Nur um zu überprüfen, ob die Verbindung, die ich zu ihm gehabt hatte, heute noch dieselbe war wie gestern.

Als wir uns dem Zwinger näherten, stieg dieselbe Aufregung in mir auf. Ich hatte gleich heute früh in der Tierhandlung einen eigenen Ball gekauft und mitgebracht, um mit Charlie zu spielen.

Zu sagen, dass Charlie glücklich war, mich zu sehen, war noch untertrieben. Er döste gerade mit den Rücken zu den Stäben in seinem Korb, als ich kam, hob aber dann den Kopf und schnupperte neugierig in die Luft. Er drehte sich um, stand auf und kam auf mich zu, alles in einer fließenden Bewegung.

»Hey, Baby.«

»*Wuff!*« Er war auf den Hinterbeinen, sein Schwanz fegte wild hin und her.

»Willst du spielen?«

Charlie neigte den Kopf zurück und stieß ein winziges Heulen aus, während seine Pfoten an den Käfigstäben kratzten.

Ann lachte. »Sieht aus, als könnte ich euch zwei allein lassen. Ihr könnt im Hof spielen.«

Ballspielen ist so etwas Einfaches. Alles, was man braucht, sind ein Ball und willige Mitspieler. Es kann so kurz oder lang dauern, wie man will – die Spieler haben freie Wahl. Manche halten es vielleicht für Zeitverschwendung, einen Ball zu werfen, ihn zurückgebracht zu bekommen und dann wieder zu werfen. Dieselben Leute denken auch, dass eine halbe Stunde besser genutzt werden könnte, selbst wenn sie bloß ihre Zeit damit verbringen, all die kleinen Stolpersteine zu sortieren, die das Leben einem in den Weg wirft.

Ich nicht. Eine halbe Stunde, in der ich den Ball für Charlie warf, war bestmöglich genutzte Zeit für mich. Zu beobachten, wie er ihn jagte, festpinnte und anknurrte, während er so tat, als wäre der Ball sein Gefangener, und dann freudig zurücktrabte, damit ich ihn wieder warf – das war pure Erfüllung für mich. Zu sehen, wie er ihn mit der Nase anstupste, wenn ich so tat, als könnte ich ihn nicht sehen; sein ungeduldiges Bellen zu hören; angesprungen und vor Glück gründlich abgeschleckt zu werden – definitiv keine Zeitverschwendung. Und in diesen kurzen dreißig Minuten wusste ich ohne jeden Zweifel, dass ich verliebt war.

Es war hart, mich von ihm zu verabschieden, aber ich musste gehen, da Emily in etwas über eineinhalb Stunden kommen würde. Und ich wollte noch mit den freiwilligen Helfern über seine Adoption sprechen, wollte herausfinden, warum seine vorigen Besitzer einen Schatz wie Charlie aufgegeben hatten. Ich ließ ihn mit einem Quietschspielzeug und dem Versprechen, ihn am nächsten Tag wieder zu besuchen, zurück.

Nachdem ich mit Charlies Betreuerin Sharon darüber gesprochen hatte, warum er bei *Dogs Trust* war, erkannte ich, dass manche Leute erschossen werden sollten. Ich konnte die Tränen nicht zurückhalten, als ich herausfand, dass Charlie von jemandem, der sich Hunden gegenüber wahrscheinlich in jeglicher Hinsicht überlegen gefühlt hatte, vernachlässigt, geschlagen und verstoßen worden war.

Charlie war Anfang Oktober des vorigen Jahres gefunden worden, wie er Mülltonnen geplündert hatte. Er war mitleiderregend abgemagert gewesen, hatte Verletzungen an den Hinterbeinen und offene Wunden um den Hals gehabt, wahrscheinlich vom Angebundensein. Solche Verletzungen hätten ihn Menschen gegenüber misstrauisch und ängstlich machen sollen, aber nein. Als der Anruf von einem besorgten Passanten kam, dass der Hund aussah, als bräuchte er Hilfe, waren Mitarbeiter von *Dogs Trust* hingefahren, um ihn zu retten. Anstatt wegzurennen oder sich zu ducken, hatte Charlie mit dem Schwanz gewedelt und war zu ihnen hinübergehinkt, um sich zu Sharons Füßen zusammenzurollen. Es war, als wüsste er, dass sie ihm helfen wollten.

Er hatte sofortige medizinische Hilfe gebraucht. Eine Operation an seinen Hinterläufen hatte eine Fraktur und ein gerissenes Kreuzband gerichtet; achtzehn Stiche waren neben seinem rechten Ohr nötig und achtundzwanzig um den Hals. Außerdem hatten sie eine Wunde in seinem Nacken gefunden, die darauf hindeutete, dass der Besitzer den Mikrochip mit seinen Kontaktinformationen herausgeschnitten hatte. An diesem Punkt wollte ich ein sehr böses Wort verwenden, das mit *W* begann.

Charlies Adoption war verschoben worden, bis er vollständig genesen war und sich sicherer in seiner Umwelt fühlte. Obwohl Leute ihn jetzt besuchen konnten, würde es nach allem, was er durchgemacht hatte, noch einen Monat dauern, bevor er bereit war, mit seiner neuen Mama nach Hause zu gehen.

Sharon gab mir ein Formular, das ich ausfüllen konnte, und betonte noch einmal, dass jemand anderes bereits Interesse an Charlie hatte.

Das Bild von Emilys lächelndem Gesicht ging mir durch den Kopf und die Schuldgefühle kehrten zurück. Sie hielten mich allerdings nicht davon ab, das Formular auszufüllen, oder eines der kleinen Fotos von Charlie zu nehmen und in meine Handtasche zu schieben.

Den ganzen Tag lang dachte ich an ihn. Dachte daran, wie vertrauensvoll er war, wie er mit dem Schwanz wedelte, wie sehr er Menschen liebte. Wie war das möglich? Wie konnte ein Hund, der so misshandelt worden war, sich für irgendetwas öffnen?

Unzählige Male holte ich das Foto aus der Handtasche und starrte seine glänzenden Augen, sein Grinsen an und las den Text am Rand, in dem Charlie der Welt als »liebenswert, freundlich, verspielt« vorgestellt wurde.

Um drei Uhr mittags bog ich in die Auffahrt zu Millers Farm ein. Als ich Emily in Handwerkerhose und einem Kapuzenpulli entdeckte, hüpfte mein Herz in der Brust. Sie stand auf einer Leiter, schleifte ein Fensterbrett im ersten Stock mit einer elektrischen Schleifmaschine ab und hatte Gehörschützer auf den Ohren. Als sie sich streckte, rutschte der Pulli hoch und entblößte einen sehr muskulösen Rücken. Ich erkannte an der Art, wie sie sich hielt und die Schleifmaschine handhabe, dass sie stark war.

Sie war so schön, so fesselnd, regelrecht atemberaubend. Und doch würde sie mir Charlie wegnehmen. Oder ich würde ihn ihr wegnehmen. Gewissensbisse durchfluteten mich. Hier war ich, ihre mögliche Arbeitnehmerin, und rammte ihr ein Messer in den Rücken. Warum tat ich das? Warum dachte ich darüber nach, ihr den Hund wegzunehmen, obwohl sie Charlie tatsächlich als Erste gesehen hatte?

Ich griff nach meiner Handtasche und holte wieder das Foto heraus. Dieses Gesicht. Diese Augen. Mein Grinsen breitete sich aus wie Butter und ich nickte dem Foto zu.

BUMM, BUMM, BUMM.

Fuck!

»Wann wolltest du mir sagen, dass du vorhast, *meinen* Hund zu stehlen?«

Was zum Teufel …? Vor Überraschung, Emily neben dem Fenster stehen zu sehen, machte ich mir fast in die Hose.

»Der heimliche Besuch bei *Dogs Trust*. Ich weiß davon. Sie haben es mir verdammt noch mal erzählt.«

Ich war froh, dass meine Türen gesperrt waren. Ihrem Gesichtsausdruck nach zu schließen hätte ich das nächste Opfer des elektrischen Schleifers sein können.

»Charlie ist nicht *dein* Hund.« Sie biss die Zähne zusammen, neigte den Kopf zur Seite und hielt den Schleifer fester, als wollte sie mir damit eins überziehen. »Übrigens funktioniert dein Handy nicht.«

Hä? Warum sprach sie das jetzt an?

»Also sage ich es dir persönlich: Verschwinde von meinem Land und halte dich gefälligst von meinem Hund fern.«

Und da hatte ich die Antwort.

Nebenbei konnte ich nicht umhin, zu bemerken, dass Emily Carson auch wütend wunderschön war. Mein Lächeln kam wie aus heiterem Himmel. Ich setzte es nicht auf, um sie zu verärgern; es reflektierte nur, wie ich mich fühlte. Selbst wenn Emily mich bedrohte und hasste, es fühlte sich trotzdem gut an, in ihrer Nähe zu sein.

»Nur zu. Gib dich ruhig selbstgefällig. Aber ich sage dir, Charlie ist mein Hund.«

»Aber ich –«

»Aber du *nichts*. Verschwinde!« Anstatt darauf zu warten, dass ich verschwand, tat sie es selbst. Sie wirbelte auf dem Absatz herum und marschierte ins Haus, während ich ihr hinterherstarrte.

Ich hatte zwei Optionen: Erstens, verschwinden, oder zweitens, ihr nachlaufen. Ich wählte letztere Möglichkeit.

Ich klopfte nicht, kündigte durch nichts meine Anwesenheit an; ich ging einfach hinein und suchte sie. Sie war leicht zu finden, da sie in ihrem zukünftigen Wohnzimmer stand, die Hände auf dem Kaminsims und den Kopf gesenkt. Schon bevor ich sie erreichte, sah ich, dass sie weinte. Die starken Schultern bebten und leises Schluchzen erklang hinter dem Vorhang ihrer Haare.

Ich legte sanft die Hand auf ihren Rücken und wappnete mich gegen eine Schimpftirade, die jedoch nicht kam.

Emily drehte sich um, schlang die Arme um mich und schluchzte an meiner Schulter weiter.

Ich fühlte mich wie eine Beschützerin, als könnte ich bewirken, dass sie zu weinen aufhörte und sich irgendwie besser fühlte. Das Einzige, das mir einfiel, war zu versprechen, dass ich Charlie nicht wiedersehen würde. Ich wollte es – Gott, ich wollte es ihr versprechen –, aber ich konnte nicht. Also hielt ich sie weiterhin im Arm, strich ihr mit der Hand über den Rücken, tröstete sie mit beruhigenden Lauten und kleinen Küssen auf den Kopf. Ihre Finger gruben sich in meinen Rücken und sie klammerte sich an mich, bis ihre Tränen versiegten.

»Es tut mir leid. Ich … werde normalerweise nicht wütend.« Ein lautes Hicksen stieg aus ihrer Brust auf. »Oder weine so wie gerade.«

Ich schwieg.

Als Emily zurückwich, sah ich die nackte Qual in ihrem Gesicht. Ihre Augen waren geschwollen und auf ihren Wangen prangten Streifen, da die Tränen Spuren durch die Staubschicht gezogen hatten, die wohl von Wandfarbe stammte.

»Warum, Ellie?« Braune Augen sahen auf der Suche nach einer Antwort in meine. »Warum hast du das getan?«

Ich zuckte mit den Schultern und wich zurück. Ich war verlegen, und nicht nur wegen meiner Handlungen. Wenn ich das mit Emily retten wollte – ob es nun Freundschaft, eine geschäftliche Beziehung oder etwas Besonderes war –, musste ich eine Erklärung abgeben.

Ich drehte das Gesicht weg und fand die Kraft, meine Geschichte zu beginnen. »Sein Name war Toby. Er war ein Border Terrier und zu einer Zeit, als ich wirklich einen gebraucht habe, mein bester Freund.« Ich ging auf die andere Seite Raums hinüber und tat so, als wäre ich interessiert an einem alten Tisch, strich mit den Fingern über das raue Holz. »Als ich ihn bekommen habe, war ich fünfzehn Jahre alt. Ich hatte mir schon seit Jahren einen Hund gewünscht, aber meine Eltern waren immer dagegen gewesen.«

Ich beschrieb meine Verbindung zu Toby ausführlich – warum er mir so wichtig war, so verdammt besonders. »Er ist an meiner Seite geblieben, als andere das nicht getan haben, und hat mir gezeigt, dass er mich immer liebt, egal, wen ich liebte.« Ich drehte den Kopf, um sie anzusehen.

Emily stand noch an der Stelle, wo ich sie verlassen hatte. Ihr Gesichtsausdruck war unlesbar.

Ich stieß einen tiefen Seufzer aus. »Mit zwanzig habe ich mich geoutet. Ich habe meinen Eltern gesagt, dass ich lesbisch bin, und angenommen, dass sie schon irgendwie darüber hinwegkommen würden. Abbie war es egal; für sie war ich immer noch Ellie. Meine Eltern …«, ich stockte kurz, um mich zu sammeln, »waren nicht so verständnisvoll.«

»Oh, Ellie, das tut mir so leid für dich.«

Ich zuckte mit den Schultern. Die Zeit, in der ich den Mangel elterlicher Akzeptanz vermisst hatte, war längst vorbei. »Ich habe seit fast dreizehn Jahren nicht mit ihnen gesprochen.« Hier ging es allerdings nicht um meine Eltern. Hier ging es um das *Warum*, obwohl sie zumindest ein Teil des Grundes waren. Ich konnte es nicht mit Sicherheit sagen.

Die Ablehnung meiner Eltern störte mich nicht mehr so sehr. Zu vieles war seitdem in meinem Leben geschehen, als dass ich mich über ihre Gefühllosigkeit und Unfähigkeit, mich bedingungslos zu lieben, aufregen würde. Bei Toby standen die Dinge anders.

»Abbie und Rob haben mich aufgenommen, Toby und mir ein Zuhause gegeben. Mich wieder auf die Beine gebracht. Vor fünf Jahren habe ich Toby an Krebs verloren. Ich musste ihn einschläfern lassen. Es war die schwierigste Entscheidung meines Lebens.«

Das Sprechen fiel mir schwer. Meine Kehle schien angeschwollen zu sein und meine Worte blieben darin stecken. Ich flehte mich selbst an, nicht zu weinen, nicht vor Emily. In letzter Zeit war ich aber überraschend nah am Wasser gebaut und schien die Tränen nicht komplett aufhalten zu können. 2012 wurde allmählich zum Jahr des Weinens. Es fühlte sich an, als hätte ich seit gestern nichts anderes getan.

Emily trat näher an mich heran, das Gesicht voller Sorge. Sie streckte die Hand nach meiner aus, hielt aber dann inne.

Es brauchte kein Genie, um zu begreifen, warum ich mich so heftig in Charlie verknallt hatte, obwohl ich wusste, dass er nicht Toby war. Er würde meinen Jungen nie ersetzen. Charlie würde immer Charlie sein und obwohl er wie sein Vorgänger aussah, gab es viele Unterschiede zwischen ihnen. Zum Beispiel hatte Toby rote Bälle nie gemocht. Bei dem Gedanken schnaubte ich, aber das Lachen verwandelte sich sofort in ein Schluchzen. Es fiel mir schwer, die Emotionen zurückzuhalten. In diesem Moment würden Leute, die nie ein Haustier gehabt haben, sich zweifellos fragen, was das ganze Theater sollte.

Emily legte die Arme um mich; jetzt war sie mit Trösten an der Reihe.

Von Emily gehalten zu werden war etwas, von dem ich nie genug haben würde. Es schien, als passte ich perfekt in ihren schützenden Griff und als könnte nichts und niemand mir etwas anhaben, solange ich darin war.

Sie ließ mich weinen. Als die Tränen schließlich zu Seufzern wurden, führte sie mich zur Küche und schob mich auf einen der Stühle am Esstisch. Als sie dann von mir zurücktrat, spürte ich sofort den Verlust ihrer Berührung. Der Wasserkocher erhitzte sich, der Schalter klickte und dann war sie zurück und zog einen zweiten Stuhl dicht an mich heran.

Ich hob den Kopf und sah ihr tief in die Augen. Es war nicht Mitleid, das ich darin entdeckte, sondern Verständnis.

Sie streckte die Hand aus und fing meine Finger ein, streichelte mit dem Daumen über meinen. Sie dachte über irgendetwas nach. Ich erkannte es daran, wie sie an ihrer Unterlippe nagte, wie ihre Augenbrauen herabsanken.

»Hör mal.« Sie richtete sich auf, ließ meine Hand aber nicht los. »Wir können Charlie beide besuchen.«

Ich verstand nicht.

»Es heißt immer, dass es nicht der Mensch ist, der sich den Hund aussucht, sondern andersherum.«

Ich begriff immer noch nicht. Nennt mich ruhig dumm – das tue ich auch ständig.

»Wenn der Monat vorbei ist, sehen wir, mit wem Charlie das engere Band geknüpft hat, okay?«

»Ich verstehe nicht.«

Ein wunderbares Kichern kam über ihre Lippen. »Wir lassen Charlie entscheiden, mit wem er zusammenleben will. Aber«, sie lehnte sich vor, »wir besuchen ihn gemeinsam. Kein heimliches Einschleichen, um mehr Zeit mit ihm zu bekommen, okay?«

Ich nickte. Das war immerhin ein Anfang. Vielleicht stellte sich nach einem Monat heraus, dass ich keinen Schritt weitergekommen war, aber wenigstens hätte ich mich mit der Frau angefreundet, die denselben Hund liebte wie ich. Es schien mir ein guter Plan zu sein.

Kapitel 3

Zwei Stunden später erreichte ich mein Haus. Ich hatte mir angesehen, welche Arbeiten Emily erledigt haben wollte, und sie waren nicht so umfangreich, wie ich ursprünglich angenommen hatte. Bis zum Tag X sollte ich alles geschafft haben. Ihr Haus musste noch etwas renoviert werden, aber die größeren Arbeiten waren bereits erledigt – eine neue Zentralheizung war installiert, die Fenster sowie die Dachziegel ersetzt und die Rohre funktionierten. Die Landschaftsgestaltung war eher kosmetischer Natur. Emily würde im Haus arbeiten und ich draußen. Und da ich ohnehin meine Zeit bei ihr verbrachte, war es einfacher für uns, *Dogs Trust* zu besuchen. Gemeinsam. Das brachte mich zum Lächeln.

Ich konnte nicht sofort mit der Arbeit beginnen, zuerst musste ich einige andere Aufträge erledigen, doch ich war frohen Mutes, dass die bis Freitag abgeschlossen sein würden. Zwar hatte ich auch noch andere Kunden auf meiner Warteliste, doch dafür engagierte ich einfach die Jungs, die ich gelegentlich anheuerte, um die Vorarbeit zu leisten. Alles in allem würde es laufen wie geplant. Ab Freitagabend würde ich ganz ihr gehören.

Schlaf gestaltete sich jedoch als ein komisches Ärgernis. Er war schwer zu fassen und wenn ich dann doch eindöste, waren meine Träume sehr lebhaft. Ich würde gerne sagen, dass sie voll von Szenen waren, in denen Emily und ich eine schöne Zeit miteinander verbrachten – mit Charlie Gassi gingen oder plaudernd und lachend in einem Restaurant saßen. Aber nein. Sie waren von der schrecklichen Sorte, bei denen man schweißgebadet aufwacht und Gott dankt, dass sie nicht real sind, bevor man sich fragt, ob man wirklich nur geträumt hatte. Bilder aus der Vergangenheit stiegen aus meinem Gedächtnis auf – der hasserfüllte Blick meiner Mutter, die Enttäuschung meines Vaters. Wie ich mein Zuhause verlassen hatte und ihre verächtlichen Rufe mir gefolgt waren. Ich erinnere mich noch an den Blick, mit dem Toby mich angesehen hat, als wir uns in mein Auto setzten und wegfuhren. Er war mild fragend gewesen. Derselbe Blick, den er mir beim Tierarzt zugeworfen hatte.

Genug. Ich hielt diese Träume nicht mehr aus. Alles, was ich wollte, war, dieses Kapitel meines Lebens hinter mir zu lassen und nach vorne zu schauen. Also stand ich auf, zog mich an und fuhr früher als sonst zur Arbeit.

Glücklicherweise bestanden meine derzeitigen Projekte aus der Bepflanzung von zwei Neubauten, also gab es niemanden, den ich störte. Ich verbrachte den Morgen damit, Heben zu pflanzen, größtenteils Hebe Andersonii, Hebe Ellie und Hebe Mauve Queen. Ellie und Andersonii – ich konnte ja nichts dafür, wenn sie die Pflanzen nach mir benannt hatten, oder? Allerdings musste ich zugeben, dass ich definitiv *keine* Malvenkönigin war.

Bevor ich mich versah, war es Mittag und damit Zeit, Emily abzuholen. Wenn wir gemeinsam fuhren, konnten wir sicher sein, dass wir gleichzeitig im Hundeheim ankamen. Es war nicht so, dass wir einander nicht vertrauten, obwohl wir vielleicht schon noch etwas argwöhnisch waren. Ich hatte gestern meine Lektion gelernt und wollte Emily auf keinen Fall noch einmal weinen sehen.

Das Gefühl der Aufregung setzte ein, lange bevor ich in ihre Straße einbog. Es war ein angenehmes Flattern im Magen. Zuerst schob ich es darauf, dass ich Charlie wiedersehen würde, aber zu behaupten, das wäre der einzige Grund, wäre gelogen. Ich entdeckte

Emily, die am Ende ihrer Einfahrt auf mich wartete, und das Glücksgefühl sprang aus meinem Bauch in meine Kehle hinauf. Vor Freude wollte ich hüpfen.

Als Emily meinen Blick auffing, schenkte sie mir dieses hinreißende Grinsen. Himmel, sie war wunderschön – der Wind, der in ihren Haaren tanzte, diese verführerischen braunen Augen, dieses Lächeln … meine Güte. Ich wusste nicht, ob mein armes Herz das aushalten würde.

»Hey, du. Du bist aber früh dran.«

»Und du wartest trotzdem schon.«

Sie dachte einen Moment darüber nach und ihr Lachen hallte durch die Luft wie Musik. »Stimmt.«

Bald saß sie neben mir und wir machten uns auf den Weg zu unserem Jungen.

Sharon begrüßte uns und ihr Gesichtsausdruck gab Auskunft darüber, was sie nicht mit Worten sagte. Ich glaube, sie hatte nicht erwartet, Emily und mich zusammen zu sehen, da wir beide denselben Hund adoptieren wollten. Charlie wartete auf uns, die Leine im Maul, und wedelte zur Begrüßung wie verrückt mit dem Schwanz. Wir beschlossen, mit ihm in den Wald zu gehen, da das Wetter trocken war. Es war seltsam. Wir wollten beide seine Leine halten, versuchten aber immer wieder, sie der anderen zu überlassen. Schließlich hörten wir auf, herumzustreiten, und beschlossen, uns abzuwechseln. Wie zivilisiert wir uns doch verhielten.

Charlie schien zu wissen, dass er im Mittelpunkt stand, und genoss jede einzelne Minute. Als ich die Leine an sein Halsband hängte, bemerkte ich das unregelmäßig nachgewachsene Fell in seinem Nacken. Ich schob es zur Seite und sah die Narben seiner verheilten Wunde. Erstaunlicherweise ließ er mich gewähren, ließ mich den Beweis der Grausamkeit inspizieren, die er erlebt hatte.

»Armes Baby. Ich wünschte, ich wüsste, wer ihm das angetan hat.«

Emily antwortete nicht. Vielleicht hatte sie mich nicht gehört, daher drehte ich mich um und wollte die Worte schon wiederholen. Aber ihr Gesicht war wutverzerrt, sie schüttelte lediglich den Kopf und sah weg. Ich wusste, dass sie ihn führen musste, um ihn mit Zuneigung zu überschütten, ihn in Liebe zu baden, die weit einfacher geteilt wurde als Hass.

»Hier. Nimm du ihn zuerst«, sagte ich.

Es war frisch, aber der Spaziergang war trotzdem wundervoll. Charlie war neugierig auf alles – auf jeden Baum, jeden Grashalm und ein Eichhörnchen. Ich muss zugeben, irgendwann hatte ich Mitleid mit diesem Eichhörnchen. Charlies Winseln und Bellen musste ihm eine Heidenangst eingejagt haben. Und mir auch, da er immer wartete, bis ich in meiner eigenen Gedankenwelt versunken war, bevor er loslegte.

Nach fünfundzwanzig Minuten hielt Emily mir die Leine hin. »Du bist dran.«

Das Lächeln, das sie mir schenkte, war blendend und ich fühlte mich wie ein Teenager. Als ich nach der Leine griff, spürte ich wieder diesen Funken, der von mir zu ihr übersprang. Warum passierte das? Stimmte etwas nicht mit mir? Hatte meine Zeit mit elektrischen Werkzeugen mich aufgeladen? Oder sie, was das betraf? Schließlich hantierte sie öfter mit diesen Werkzeugen als ich.

»Hast du das gespürt?« Ihre Stimme war beinahe ein Flüstern, fast ehrfürchtig. »Immer, wenn du meine Hand berührst, ist es, als würde mich ein Funke durchzucken.«

Röte wanderte meinen Nacken hinauf. Ich verstand gar nicht, warum ich verlegen war. Es war nicht so, als hätte ich etwas damit zu tun, dass wir aufeinander reagierten wie zwei Aale, die sich auf einen Kampf vorbereiteten.

»Ähm.« Toll pariert, Anderson. Drei Buchstaben. Gut, dass wir nicht *Scrabble* spielten. »Ja.« *Komm schon! Mehr!* »Ich habe das auch gespürt.« *Fantastisch. Bravo.* Und der Preis für die ausgefallenste Wortwahl geht an …

Und das war alles. Ich grinste albern, zeigte die Zähne wie der Trottel vom Dienst und ging so davon, wobei ich so tat, als würde ich von Charlie weggezogen werden.

Zurück im Heim ließ ich Charlie von der Leine und er durfte eine Weile im Hof herumrennen, bevor ich ihn in seinen Zwinger zurückbrachte. Ich fühlte mich schlecht dabei, ihn dort zu lassen, aber er wirkte zufrieden genug, in seinen Korb zu klettern und auf seinem Ochsenziemer herum zu kauen. Und der Name ist Programm. Bestehend aus einem besonderen Stück des Stiers. Jedes Mal, wenn ich daran denke, dreht sich mir der Magen um und ich bekomme den Drang, mir die Zähne zu putzen, zu gurgeln, zu duschen und die ganze Prozedur noch einmal zu wiederholen. Wir versprachen Charlie, dass wir am nächsten Tag zurückkommen würden, und gingen.

Die Rückfahrt zu Emily verlief ruhig, da wir beide in Gedanken versunken waren. Das war aber nicht unangenehm, überhaupt nicht. Es war, als hätten wir es schon tausendmal gemacht und wären an das angenehme Schweigen gewöhnt.

Als ich vor ihrem Haus anhielt, wollte ich etwas Großartiges sagen, etwas, das tiefgründig und einprägsam war. »Bis morgen. Selbe Zeit.« Wow. Da hatte ich mich selbst übertroffen. Wahrscheinlich würde sie heute Nacht keine Minute Schlaf bekommen, während sie die Botschaft zwischen den Zeilen meiner sorgfältig gewählten Worte entschlüsselte.

Der Nachmittagsausflug hatte länger gedauert als erwartet und nachdem ich schon so früh auf den Beinen gewesen war, war ich jetzt völlig ausgelaugt. Ich kam um kurz nach sieben nach Hause und war fix und alle.

Mein Anrufbeantworter blinkte heftig, als hätte er etwas im Auge. Gut, der Witz war lahm, aber hey … ich war müde, okay? Drei Nachrichten. Nicht schlecht. Nur drei. Die erste war von meiner Schwester, die fragte, ob ich wirklich gerade mit der hinreißenden, dunkelhaarigen Immobilienentwicklerin vom Parkplatz bei *Dogs Trust* gefahren war.

Mist.

Die zweite Nachricht war von der hinreißenden Immobilienentwicklerin höchstpersönlich, die fragte, ob wir Charlie am nächsten Tag früher besuchen konnten, weil sie einige Dinge im Baumarkt abholen musste.

Klar. Kein Problem.

Die dritte Nachricht war wieder von meiner Schwester, deren Stimme sich vor Aufregung überschlug: »Du warst es wirklich! Ich wusste es. Wirst du sie wiedersehen?«

Was zum Teufel? Woher wusste sie das?

Abbie hob beim zweiten Klingeln ab. Sie war außer Atem, was überraschend war, da sie ihr Handy immer bei sich hatte.

Ihr übliches »Hallo« wurde von einer Sturmflut an Fragen ersetzt, alle mit Lichtgeschwindigkeit heruntergerattert und alle über mein Erscheinen bei *Dogs Trust* mit Emily. Ich neigte den Kopf zur Seite, nahm das Handy vom Ohr weg und ließ sie reden.

Als ich Stille hörte, drückte ich es wieder ans Ohr. »Hey, Abbie. Wie geht's dir?«

»Hör auf und spuck's schon aus.«

»Ist das ein medizinischer Notfall?« Ich wartete auf eine spitze Bemerkung, die nicht kam. »Was soll ich denn ausspucken?«

Abbie schwieg eine Millisekunde lang und sprach dann übertrieben langsam, als wäre sie plötzlich überzeugt, dass ich tatsächlich so dumm war, wie sie glaubte. »Also–triffst–du–dich–romantisch–mit–Emily?«

Ich schnalzte mit der Zunge, als wäre ich plötzlich überzeugt, dass Dummheit in der Familie lag. »Warum nimmst du automatisch an, dass ich mit jeder Frau ins Bett hüpfen will, mit der du mich beobachtest?«

»Tue ich gar nicht, du bist ja nie mit einer Frau zusammen. Das ist das Problem.«

»Wir wollen beide Charlie adoptieren – du weißt schon, den Border Terrier.« Leuchtende, braune Augen tanzten vor meinem inneren Auge und ich erkannte, dass es nicht Charlies waren, sondern Emilys, als ich sie nach Hause gebracht hatte. Ich hustete und richtete mich auf. »Also haben wir beschlossen, dass wir ihn gemeinsam besuchen, um herauszufinden, wen er lieber hat.«

»Ja, klaaar.« Das waren die zwei Worte, die sie immer in einem bestimmten Tonfall aussprach, wenn sie mir nicht im Geringsten glaubte.

Ich würde mich nicht wehren; da war nichts, das ich verteidigen musste. Ich sagte die Wahrheit, wie ich sie sah.

»Und es schadet auch nicht, dass du Ms. Carson dabei besser kennenlernst, oder?«

Ich hörte ein Lachen und wusste, dass mein Schwager unser Gespräch belauschte. Ich konnte mir gut vorstellen, wie Abbie ihm Grimassen schnitt und Worte mit den Lippen formte.

»Meine Beziehung zu Emily ist rein geschäftlich.« Das glaubte ich nicht einmal selbst, während ich es aussprach. Kein Wunder, dass Abbie loslachte. »Ich habe keine Zeit für sowas, Abs. Du hast versprochen, dass du dich raushältst. Tschüss.«

Ich hörte noch, wie sie murmelte: »Aber sie –«, bevor ich auf *Anruf beenden* drückte.

Aber sie was? Gott! Manchmal trieb meine Schwester mich in den Wahnsinn. Eigentlich trieb ich mich öfter selbst in den Wahnsinn. Warum interessierte es mich, was Emily dachte oder sagte? Alles, was wir teilten, war Charlie. Und für mich war er das Wichtigste überhaupt.

Dreißig Minuten später hatte ich geduscht und wärmte Suppe auf, da ich mich nicht dazu aufraffen konnte, etwas Richtiges zu kochen. Ich wollte ins Bett gehen und versuchen, den verpassten Schlaf nachzuholen. Erst als ich meine »Mahlzeit« zur Hälfte verdrückt hatte, fiel mir ein, dass ich mich bei Emily gar nicht zurückgemeldet hatte. Ein Teil von mir wollte ihre Stimme wieder hören, aber die vernünftigere Seite beschloss, ihr stattdessen eine Nachricht zu schicken. Bis ich mich an mein kaputtes Handy erinnerte. Ich war so beschäftigt damit gewesen, Emilys Besuche bei Charlie zu untergraben, dass ich vergessen hatte, mir ein neues Handy zu besorgen. Ich hätte ja versucht, das alte zu reparieren, aber der Gedanke, das Handy dicht vor mein Gesicht zu halten, nachdem es in diesem Sumpf im Nachtclub geschwommen war … lieber nicht. Entweder ich kaufte mir ein neues oder überlegte mir eine strategische Schutzvorrichtung für mein Gesicht.

Ich brauchte eine Stunde, bevor ich den Mut aufbrachte, Emily zurückzurufen. Dumm, ich weiß. Es ging ja nur um ein: »Kein Problem. Ich hole dich um elf ab.« Warum zierte ich mich also wie Joan Crawford in einem alten Stummfilm? Ich vermisste wirklich mein getreues, pissegetränktes Handy. Ich kann gar nicht sagen, wie oft ich ihre Visitenkarte nahm und wieder auf den Tisch zurücklegte, wie oft ich alle Ziffern bis auf eine eingab und dann wieder löschte.

»Komm schon, du Waschlappen. Ruf sie an.« Inzwischen ging ich mir selbst auf die Nerven. Ein Anruf. Einer. Ich rief ja nicht mitten in einer Livesendung den Premierminister an; es war nur Emily.

Ich packte das Telefon und biss die Zähne zusammen. »Genau. So ist es gut, Anderson.« Meine Hand knallte die Visitenkarte auf den Tisch und ich zog sie zu mir heran, als schleifte ich einen Verbrecher zurück, der fliehen wollte. Ich wusste nicht, warum ich murmelte: »Du gehörst jetzt mir.« Vielleicht weil ich zu viele Actionfilme gesehen hatte.

Bevor ich auch nur eine Ziffer eingeben konnte, klingelte das Telefon in meiner Hand. Ich starrte dumm auf das schmale, schwarze Gerät und vergaß kurz, was ich damit tun sollte. Es war, als hätte mein Hirn einen totalen Aussetzer und eine Nanosekunde lang meine Erinnerung daran gelöscht, wie ich den grünen Knopf drücken musste.

»Ähm ... hallo?« Nicht gerade die Teleshopping-Stimme, auf die ich abgezielt hatte, aber wenigstens hatte ich gehandelt – endlich.

»Ähm, hallo. Ellie?«

Scheiße. Scheiße. Verdammte Scheiße.

»Hier ist Emily Carson.«

Ich weiß. Ich weiß. Fuck, ich weiß.

»Ich habe mich nur gefragt, ob du meine Nachricht bekommen hast.«

»Ähm.« War ich wirklich so dumm? »Nachricht?« Ja. War ich. »Oh, deine Nachricht. Wegen morgen. Ähm ... ja. Ja. Äh ... das ist kein Problem.« Ich glaube, die ganzen Jas machten deutlich, dass die neue Zeit in Ordnung war. »Elf, ja?«

Ich hörte, wie sie einen Seufzer ausstieß, und fragte mich, ob sie genauso nervös war wie ich. Aber nein. Sie war die hinreißende Emily Carson. Nervosität war nicht ihr Ding.

»Wunderbar. Wir sehen uns dann.« Sie hielt inne. »Und Ellie …«

»Ja?« Noch ein Ja. Wollte ich mich etwa einschmeicheln?

»Danke für heute. Ich hatte eine tolle Zeit mit … mit Charlie.«

Sie legte auf, bevor ich etwas erwidern konnte. Hatte ich es mir eingebildet oder hatte sie gezögert, bevor sie *Charlie* gesagt hatte? Hatte sie etwas anderes sagen wollen? Wie etwa, dass sie eine tolle Zeit mit mir gehabt hatte? Nein. Niemals. Wie konnte sie eine tolle Zeit mit mir gehabt haben? Ich war nur … ich, nicht besonders, überhaupt nicht besonders.

Das Telefongespräch mit Emily war fürchterlich und doch wunderbar gewesen. Vergleichbar mit dem Gefühl, in jemanden verknallt zu sein und es der Person aus Angst nicht gestehen zu wollen, gleichzeitig jedoch ihre Aufmerksamkeit zu genießen.

Dieses »nicht besonders« wollte mich nicht loslassen und ich hatte eine weitere sehr unruhige Nacht. Wenn das so weiterging, würden meine Augenringe bald denen eines Pandas Konkurrenz machen. Kein Wunder, dass Pandas vom Aussterben bedroht waren, wenn ich mir mein Gesicht so ansah.

Kapitel 4

Der nächste Tag begann mehr oder weniger genauso wie der vorige, abgesehen davon, dass die Stimme meiner Schwester in meinem Kopf trällerte: *Und es schadet auch nicht, dass du Ms. Carson dabei besser kennenlernst, oder?* Ich hätte gerne gesagt: »Nein, tut es nicht«, aber ich wollte kein Risiko eingehen, wollte nicht den ersten Schritt machen und dann zurückgewiesen werden. Wie auch immer, was ich zu Abbie gesagt hatte, entsprach der Wahrheit. Die Beziehung zwischen Emily und mir drehte sich ganz um Charlie. Ich hatte fünf Jahre gebraucht, bevor ich auch nur daran denken konnte, einen anderen Hund in mein Herz zu lassen, und für andere Dinge war darin kein Platz – vor allem nicht für meine Rivalin.

Wir machten einen weiteren Spaziergang mit Charlie, der allerdings nicht länger als fünfundvierzig Minuten sein durfte, weil sein Bein noch nicht ganz verheilt war. Unsere Gespräche waren locker, drehten sich vor allem um unverbindliche oder unpersönliche Themen. Das Wetter – wir Briten können stundenlang über das Wetter reden, ohne uns zu langweilen – die bevorstehenden Olympischen Spiele, und sogar das diamantene Jubiläum der Queen konnten Themen unserer Ausschweifungen sein. Natürlich gab es Momente, in denen ich Emily persönlichere Fragen stellen wollte, aber ein kleiner Teil von mir fürchtete, dass ich zu großes Interesse an ihr entwickeln könnte. Ich weiß. Ich bin komisch.

Charlie war putzmunter und schleckte uns beide begeistert ab. Wenn ich ihn mit Emily beobachtete, sehnte ich mich nach mehr als dem, was ich hatte. Was das genau war, entzog sich mir, aber das Gefühl war seltsam intensiv. Es erschien mir so richtig, an einem kalten Januartag mit einer wunderschönen Frau und einem großartigen Hund durch den Wald zu spazieren. Das Geräusch des Laubs, das unter unseren Füßen raschelte, war beruhigend, fast vertraut.

Nach unserer Rückkehr spielten wir eine Weile mit Charlie, warfen den Ball und beobachteten, wie er kreuz und quer über den Hof sauste, um ihn zu fangen und zurückzubringen. Es war lustig, dabei zuzusehen, wie er überlegte, wem er den Ball brachte – aber er war ein richtiger Gentleman und achtete darauf, dass wir beide gleichermaßen an die Reihe kamen.

Diesmal fiel es mir schwerer, ihn zu verlassen. Es schmerzte stärker, ihn in seinen Zwinger zurückzubringen und zu sagen: »Bis morgen, Kumpel.« Aber es musste sein.

Als ich vor Emilys Haus fuhr, erwartete ich, dass sie aus dem Auto sprang und zum Baumarkt davonhastete, aber sie blieb nur betreten stehen. Hatte sie es sich anders überlegt und wollte mir nun sagen, dass unsere Vereinbarung ihrer Meinung nach nicht funktionierte? Dass sie beschlossen hatte, dass sie Charlie für sich allein wollte? Ein mulmiges Gefühl breitete sich in meinem Magen aus. Das würde sie doch nicht tun, oder doch?

»Ich … ich habe nachgedacht.«

Und ob sie das tun würde. Sie würde mich ausschließen und den vierbeinigen Jungen für sich allein beanspruchen. Eine Welle Adrenalin durchströmte mich und ich war kurz davor, ihr zu sagen, dass sie es sich sparen konnte, als sie schließlich fortfuhr.

»Hast du schon gegessen?«

Hatte ich schon gegessen?

»Ich, ähm, esse hier«, sagte sie.

Gut für dich.

»Und hab mich gefragt, ob du vielleicht, äh, mitessen möchtest.«

Mit ihr zu Mittag essen? Warum? Ich hatte ein völlig akzeptables Mittagessen, das auf der Arbeit auf mich wartete, warum würde ich also –

Bling. Das war das Geräusch eines Groschens, der aus großer Höhe fiel. Schade, dass er mir dabei nicht gegen den Kopf knallte.

»Schon gut. Ich weiß, wie beschäftigt du bist.«

»Nein!« Meine plötzliche Antwort kam ziemlich laut und eifrig, aber ich hatte damit kein Problem.

Sie nickte und ich bemerkte so etwas wie Niedergeschlagenheit darin.

»Nein!« *Okay.* Das erste Mal war ja noch in Ordnung, aber jetzt würde sie denken, ihre Idee mit dem Mittagessen wäre tabu. »Ich meine, ja!« Zurück zur Jasagerin. »Ich meine – Ach, zum Teufel. Das würde ich sehr gerne.«

Endlich! Eine Antwort! Es gab doch noch Hoffnung für Trottel wie mich, vor allem da ich mit dem schönsten Lächeln belohnt wurde, das ich je gesehen hatte. »Ich habe heute Morgen mein Mittagessen vergessen, das wäre also wundervoll.« Warum hatte ich das sagen müssen? Sie wollte nicht meine verdammte Lebensgeschichte, erst recht nicht, wenn sie erschwindelt war.

»Großartig.«

Wieder dieses Lächeln, das ein wohliges Gefühl in meiner Brust auslöste.

»Ich lasse dich parken, während ich das Essen vorbereite.« Sie drehte sich so langsam weg, dass es aussah wie in Zeitlupe. Einzelne Haarsträhnen wehten romantisch um ihren Kopf und als sie sich noch einmal zurückdrehte, lief das Lächeln erneut in Zeitlupe ab und machte ihr Gesicht noch schöner. »Bis gleich.«

Und dann war sie weg und ließ mich hypnotisiert und erstarrt zurück. Meine Finger sehnten sich danach, sie zu berühren, waren aber zu benommen, um sich zu bewegen.

Erst als ich an ihrem Esstisch saß, erinnerte ich mich daran, dass Emily zum Baumarkt hatte fahren wollen. Hielt ich sie auf? Hatte sie mich aus Höflichkeit zum Essen eingeladen? Ich beobachtete, wie sie anmutig und präzise unsere Sandwiches zubereitete. Es sah nicht so aus, als wollte sie unbedingt bald aufbrechen. Mein Mund beschloss zur Abwechslung mal, mich nicht zu verraten – oder sie. Schuldbewusst klammerte ich mich an der Zeit fest, die ich mit ihr hatte.

Blitz. Eine Glühbirne. Eine riesige, verdammte Glühbirne sprang in meinem Schädel an. Ich musste ausgesehen haben wie ein Sim, aus diesem Videospiel, mit einem dieser grünen Dinger über dem Kopf. Führte sie mich an der Nase herum? War ich der Sim, den sie mit ihren Befehlen steuerte? Waren meine Handlungen die Folge kleiner Mausklicks und ich tat nur, was sie von mir wollte? Oder lag ich komplett daneben? Es musste eine von zwei Möglichkeiten sein: Entweder sie schmeichelte sich bei mir ein, bevor sie die Bombe wegen Charlie platzen ließ, oder … oder … sie wollte tatsächlich, dass ich hier war und mit ihr Thunfischsalat-Sandwiches aß.

»Hier.« Sie stellte einen Teller und ein Glas mit kaltem Saft vor mich.

Ich sah in ihre warmen, braunen Augen, spürte, wie mir die Luft entwich, und ich hatte meine Antwort.

»Ich hoffe, du magst Granary-Brot.« Ihr musikalisches Lachen erklang. »Wenn man bedenkt, dass wir den ganzen Vormittag zusammen verbracht haben, weiß ich nicht wirklich viel über dich.«

Und ich wusste wirklich nicht viel über sie, außer dass sie Immobilienentwicklerin war und meinen Hund wollte.

»Dressing?«

Ich schüttelte den Kopf. Als ich den Mund öffnete, kam kein Laut heraus. Also schüttelte ich wieder den Kopf und errötete heftig. Um irgendetwas zu tun, nahm ich einen großen Bissen meines Sandwiches und erstickte fast daran. Eine starke Hand klopfte mir auf den Rücken und das verirrte Stück Brot schoss aus meinem Mund und landete auf dem Tisch. Sozialer Fauxpas? Darauf könnt ihr wetten. Vor allem da ich weiterhin hustete und lahm auf meinen Mund deutete.

Mehr Klopfen und mehr Husten, gefolgt von Tränen, die mir übers Gesicht strömten. Ich hob meinen Saft und stürzte einen Schluck herunter, der mir in der Kehle brannte. Emily sah mich besorgt an und hielt den Arm erhoben, um mir wieder auf den Rücken zu klopfen.

»Nein … danke.«

Meine Güte. Ich konnte nicht mal ein Sandwich essen, wenn sie in der Nähe war. Nach einem weiteren Schluck des kühlenden Saftes spürte ich, wie eine gewisse Kontrolle über meine Stimmbänder zurückkehrte. Nur um auf der sicheren Seite zu sein, versuchte ich noch nicht zu sprechen.

»Bist du sicher, dass es dir gut geht?«

Ich nickte und nahm noch einen Schluck.

Sie sah mich an, als versuchte sie abzuschätzen, ob ich log. Offenbar überzeugt, dass ich nicht über meinem Teller zusammenbrechen würde, glitt sie auf den Stuhl neben mir.

Einige Augenblicke verstrichen, bevor ich einen weiteren Bissen nahm, diesmal einen kleineren.

Emily wartete, bis ich gekaut und geschluckt hatte, bevor sie fragte: »Alles in Ordnung?«

Ich hob das Sandwich und grinste. »Na, es hat mich noch nicht umgebracht.« Nicht das Geistreichste, was ich je gesagt hatte, aber wenigstens lachte sie.

Zehn Minuten später war das Essen erledigt und es ging wieder ganz um sie und mich. Während wir gegessen hatten, waren mir so viele Fragen eingefallen, die ich ihr stellen wollte. Seltsamerweise drehte sich keine davon um Charlie.

»Kaffee?«

»Wie alt bist du?« Was zum …

»Warum? Gibt es ein Mindestalter für Kaffee?« Emily neigte den Kopf und sah mir tief in die Augen, bevor sie sagte: »Ich habe koffeinfreien, falls du zu jung bist.«

»Tut mir leid. Ich … ich weiß nicht, woher das auf einmal gekommen ist.«

»Doch, weißt du. Das nennt sich menschliche Natur. Das tun Leute nun mal – sie stellen Fragen.«

Ach. Natürlich wusste ich das. Aber warum mit einer Frage herausplatzen, die man einer Dame nicht stellen sollte? Hatte ich sie verärgert?

»Ich bin sechsunddreißig, ein Einzelkind, habe mit dem Geld, das meine Eltern mir hinterlassen haben, mein eigenes Unternehmen aufgebaut, bin sehr ehrgeizig und nehme mir gerne, was ich will.«

Sie verhielt sich nicht so, als hätte ich die Grenzen sozialer Etikette für ein Gespräch mit einer Frau überschritten. Tatsächlich sah sie wunderschön aus. Ihre Miene war offen und ehrlich und ihre braunen Augen leuchteten.

Mein Mund wurde trocken, *sehr* trocken. Sie schien eine Antwort zu erwarten, aber ich wusste nicht, was ich sagen sollte.

Ich überlegte, ob ich fragen sollte, ob ihre Stonewall-Sammlung tatsächlich ihre sexuelle Orientierung reflektierte. Das hatte sie in ihrer Mini-Autobiographie ausgelassen. Stattdessen fragte ich – und ich denke, ihr stimmt mit mir überein, dass es sehr radikal von mir war – geradeheraus: »Also, ähm, was willst du?«

Emily lehnte sich vor, bis ihr Gesicht wenige Zentimeter vor meinem schwebte. Ich spürte ihren Atem auf meinem Gesicht und neigte mich näher zu ihr. Ihr dunkler Blick huschten zu meinem Mund und wieder zu meinen Augen. Eine Augenbraue wanderte hoch und ich beobachtete, wie ihre Zunge langsam über ihre Lippen fuhr.

»Na ja …«

Der Kloß in meiner Kehle war größer, als das Sandwichstück es gewesen war. Ich wagte nicht zu atmen, um ihr nicht ins Gesicht zu husten.

»Dazu fällt mir eine Sache ein.«

Fuck. Sie würde mich küssen. Sie würde mich küssen. Und falls ihr es noch nicht mitbekommen habt, sie würde mich küssen.

»Ich will, dass du mir sagst, ob du gerne …«

Ja. Es war mir egal, ob es schmeichlerisch wirkte. Ich wollte, dass sie mich küsste. Ein Kuss war ein stummes Versprechen.

»… einen Kaffee hättest.«

Kaffee? Einen *Kaffee*? Wurden Küsse in Kaffeetassen serviert? Und warum wollte ich plötzlich, dass sie mich küsste? Wohin war das Keinen-Platz-*für-etwas-anderes*-Szenario verschwunden, das ich mir vorhin zurechtgelegt hatte?

Sie lachte und wich zurück.

Ich blieb mit offenem Mund und dem Gefühl, betrogen worden zu sein, zurück. Ich wollte ihr nicht zeigen, was für eine Wirkung sie auf mich hatte, also lehnte ich mich auf dem Stuhl nach hinten und sagte: »Tee wäre wunderbar. Mit Milch, ohne Zucker.«

Es heißt, Hochmut kommt vor dem Fall, und in diesem Moment fühlte ich mich definitiv ziemlich hochmütig. Bis zum Fall, als mein Stuhl nach hinten kippte und mich hart auf den Hintern warf. Es wäre weniger peinlich gewesen, wenn ich dabei nicht gegen den Tisch getreten und den auch noch umgeworfen hätte. Wenigstens übertönte das Klirren zerbrechender Teller mein Fluchen.

Ich hatte gar keine Zeit, um über mein Malheur nachzudenken, da kniete Emily schon neben mir, ihre Miene voller Sorge statt Belustigung. »Alles in Ordnung?«

Ich nickte. Ich traute meinem Mund nicht zu, etwas anderes als Flüche herauszubringen.

Eine schlanke Hand griff nach mir und die Finger sahen eher wie die einer Pianistin aus als die einer Frau, die mit Elektrowerkzeugen umgehen konnte. »Hier.«

Zögernd ergriff ich ihre Hand. Obwohl bei jeder unserer Berührungen dasselbe zu passieren schien, war ich trotzdem überrascht, als mich wieder dieser Funke durchzuckte.

»Da ist er wieder.« In Emilys Augen tanzten genau dieselben Funken.

Meine Lippen bebten, bis sie beschlossen, sich zu einem Grinsen zu verziehen. »Muss wohl meine unwiderstehliche Persönlichkeit sein.«

Sie neigte den Kopf zur Seite, wie sie es oft tat, wenn sie etwas genau betrachten wollte, und das schiefe Grinsen trat auf ihr Gesicht.

Mein Herz flatterte und pochte gegen meine Rippen – etwas, von dem ich früher geglaubt hatte, es würde mich umbringen, anstatt zu bewirken, dass ich mich so lebendig fühlte wie seit Jahren nicht mehr.

Mit einem Ruck hatte sie mich auf die Füße gezogen. Ich wollte vorgeben, ihr in die Arme zu fallen, aber das wäre etwas zu offensichtlich gewesen. Stattdessen sah ich albern vor mich hin und schob die Hände in die Hosentaschen.

»Ähm … ich gehe besser.«

Ein flüchtiger Ausdruck der Enttäuschung trat auf ihr Gesicht und ich wollte sofort sagen, dass ich doch blieb.

»Ich dachte, du wolltest eine Tasse Tee. Mit Milch, ohne Zucker.«

»Tut mir leid. Die Arbeit ruft.« Ich musste wirklich gehen. Nicht weil ich eine Million Dinge zu tun hatte, sondern weil ich nicht wollte, dass zwischen Emily und mir irgendetwas passierte. Ich weiß, ich schwanke in meiner Vorstellung davon, wie unsere Beziehung laufen sollte, hin und her wie eine Wippe. Wenn ich mir erlaubte, auch nur ein wenig Interesse an ihr zu zeigen – der Zug war ohnehin abgefahren –, was würde das für mich und Charlie bedeuten? Wenn ich die Grenze zu guter Bekanntschaft oder sogar Freundschaft überschritt, würde das mein Verhalten beeinflussen, wenn es an die Frage ging, wer Charlie bekommen würde?

»Du musst sowieso zum Baumarkt, also …«

»Zum Baumarkt?« Sie wirkte verwirrt, dann war es, als würde das grüne Sim-Ding plötzlich über ihrem eigenen Kopf schweben und das Licht sprang an. »O Gott! Ja! Der Baumarkt.«

Ich sagte kein Wort. Es war offensichtlich, dass sie nie vorgehabt hatte, zum Baumarkt zu gehen, und ihre Behauptung völlig vergessen hatte. Ich beschloss, sie zu entlarven. »Ich könnte dich dorthin mitnehmen, wenn du willst. Ich brauche noch mehr Blumentöpfe aus dem Gartenbereich.«

Ein beschämter Ausdruck huschte über ihr Gesicht und sie schüttelte den Kopf.

»Das ist gar kein Problem für mich.«

»Das könnte ich nicht. Im Ernst. Ich habe schon so viel von deiner –«

»Ich bestehe darauf. Du hast mir Essen spendiert, das ist das Mindeste, was ich tun kann.«

Sie biss die Zähne zusammen und nickte resigniert.

»Dann warte ich draußen.« Bevor sie ihre Meinung ändern konnte, ging ich und setzte mich ins Auto. Und zugegeben, ich lachte den ganzen Weg über innerlich.

Wenn man bedachte, dass ihre Sprachnachricht so geklungen hatte, als müsste sie unbedingt zum Baumarkt, schien ein Päckchen verzinkter Nägel nicht wie etwas, für das Termine verschoben werden mussten.

Ich sah auf die kleine Packung und verzog das Gesicht zu einer Grimasse, die normalerweise mit der Bemerkung »Das ist alles?« einhergeht, sagte jedoch nichts.

Als ich in ihre Einfahrt einbog, hörte ich, wie sie den Sitzgurt löste, noch bevor das Auto zum Stehen kam. Meine Güte, sie hatte es aber eilig, ihre Scham zu verbergen.

»Danke dafür, Ellie. Ich … ähm … sie hatten meine Bestellung noch nicht da. Ich hätte vorher anrufen sollen.«

Ja, klar.

»Morgen um dieselbe Zeit?«

Ich grinste und nickte.

Emily huschte in die Zuflucht ihres Hauses davon. Trotzdem hätte ich schwören können, dass sie vom Wohnzimmerfenster aus beobachtete, wie ich davonfuhr.

Ein Glücksgefühl erfasste mich. Es war lange her, seit ich in den Rückspiegel gesehen hatte, um einen letzten Blick auf eine hinreißende Frau zu erhaschen. Und bevor ihr etwas sagt, *hinsehen* hat überhaupt nichts zu bedeuten, klar?

Ich kam nach Hause und fand elf Nachrichten auf meinem Anrufbeantworter vor, die meisten von potenziellen Kunden. Ich konnte es mir nicht leisten, diese Aufträge zu verpassen, und war nicht gerade erfreut darüber, dass meine Schwester anrief, sobald ich über die Schwelle getreten war, um mich zu beschuldigen, dass ich die Zeit im Hundeheim geändert hatte, weil sie mich am Tag zuvor mit Emily gesehen hatte.

»Was hast du gedacht, was ich tun würde? Dich zwangsverheiraten?«, war das Erste, was sie sagte, als ich abhob, und das restliche Gespräch lief nicht gerade besser.

Ich beschloss, dass ich mich dringend um mein Handyproblem kümmern musste, also kaufte ich am nächsten Morgen als Erstes ein neues. Im Geschäft konnten sie meine alte Nummer übertragen, was mir das endlose Kopfzerbrechen ersparte, all meine Visitenkarten und Kontaktlisten neu einzugeben.

Ich weiß, das ist langweilig zu lesen, aber manchmal ist das Leben langweilig und voller alltäglicher Dinge, die wir erledigen müssen, um weiterzukommen. Nennen wir es einen Butterbrot-Moment, in dem Ereignisse als unwesentliches Füllmaterial benutzt werden.

Um elf Uhr bog ich in Emilys Auffahrt ein. Ich grinste, als ich sah, dass sie wartete. Es fühlte sich gut an, zu wissen, dass jemand wartete, obwohl ich wusste, dass es nicht auf die romantische Ich-brauche-dich-Art war. Ich war nur ihre Mitfahrgelegenheit; es war ein Arrangement aus Notwendigkeit. Das Grinsen, das ich während der Fahrt zu *Dogs Trust* aufgesetzt hatte, war ein wenig angestrengt.

Anfangs war Emily gesprächig, aber ich glaube, sie verlor den Willen zur Geselligkeit, als meine Antworten einsilbig blieben. Es war nicht so, als wäre ich sonst immer eine Plaudertasche, wenn wir zusammen waren, aber sogar ich bemerkte, dass es meiner Konversation an Witz und Pep mangelte.

Charlie freute sich, uns zu sehen, und nach der Begrüßung rannte er zur Tür, in Erwartung des Spaziergangs schon mit dem Schwanz wedelnd.

Die fünfundvierzig Minuten vergingen wie im Flug und bevor ich mich versah, verabschiedeten wir uns schon wieder von dem kleinen Mann. Ich wollte ihn nicht hierlassen. Bevor ich es verhindern konnte, kam mir das Bild von Toby beim Tierarzt in den Kopf. Der Schmerz wanderte von meinem Brustkorb in die Kehle hinauf. *Nicht jetzt. Bitte. Nicht jetzt.*

»Alles in Ordnung?« Emily schob die Hand um meinen Arm und ich zuckte einmal nicht unter der Ladung, die von ihr zu mir floss, von mir zu ihr.

»Wunderbar.« Warum klang ich dann so tonlos?

»Hast du –«

»Hey, Schwesterchen!«

Ach, Mist. Ich hätte es wissen müssen.

»Was für ein Zufall, dass wir uns gerade jetzt treffen.«

Bei dem Anblick von Abbies Grinsen hätte ich sie am liebsten erwürgt. Meine Zähne schnappten so laut aufeinander, dass ich sicher war, Emily hatte das Geräusch gehört. Aber Abbie ignorierte den Wink mit dem Zaunpfahl.

»Ich dachte, du kommst erst später.«

Ja, klar. Sie wusste verdammt gut, dass ich am Tag zuvor früher gekommen war. Ich hatte die Narben von ihrer persönlichen Spanischen Inquisition als Beweis.

»Oh … hallo, Emily. Ich habe dich gar nicht gesehen.«

Ja, klar. Sie hatte die Frau nicht gesehen, die mindestens zehn Zentimeter größer war als ich, die meinen Arm hielt und ihr zugewandt dastand.

Na ja, oder Emily *hatte* meinen Arm gehalten. Ihre warmen Finger verschwanden und hinterließen eine kalte Stelle, wo ihr Körper im Kontakt mit meinem gewesen war.

»Oh, hallo, Abbie. Ich dachte, ich hätte dir gesagt, dass wir früh–«

»Ich bin so froh, dass ich euch beide treffe.«

Hatte meine Schwester Emily gerade das Wort abgeschnitten? Emily hatte es ihr gesagt? Meine Schwester und Emily hatten Kontakt? Ich nagelte eine zappelnde Emily mit meinem Blick fest und formte mit dem Mund die Worte »Du Miststück«, aber sie lachte bloß nervös und ignorierte mich.

»Rob hat nächste Woche Geburtstag und ich veranstalte diesen Samstagabend eine Party für ihn.«

Und? Nein! Nein, nein und nein.

»Ich wollte nur fragen, ob du kommen kannst, Emily.«

Zum letzten Mal – nein! Sie tat es schon wieder. Sie versuchte, mich zu verkuppeln. Das war das erste Mal, dass ich davon hörte, dass Abbie eine Party für Rob veranstaltete. Er hasste Partys.

»Wir würden dich sehr gerne dabeihaben, oder, Ellie?«

Ich starrte nur finster.

»Es ist nichts Großes, nicht mal eine richtige Party, du musst dich also nicht herausputzen.«

Seht ihr? Nicht mal eine Party. Ich wäre gar nicht überrascht, wenn sie auch Cherie eingeladen hätte, nur damit ich mich doppelt wie eine Idiotin fühlte.

»Ich würde liebend gerne kommen.« Emilys Stimme war so warm, so glücklich. Als sie sich zu mir drehte und sagte: »Wenn das in Ordnung für dich ist, Ellie«, konnte ich ja nicht erwidern: »Das ist es verdammt noch mal nicht«, obwohl ich es wollte.

»Natürlich. Das wird ein denkwürdiger Abend.« Ja, darauf könnt ihr wetten, wenn Abbie irgendetwas damit zu tun hatte.

»Tante Wellie, sieh mal! Jessie will Hallo sagen!« Mit einem zahnlöchrigen Grinsen hielt Lily die Leine einer sehr begeisterten Jack Russell-Dame hoch. »Willst du mit uns Gassi gehen?«

Das war nicht die richtige Zeit, um meiner Schwester zu sagen, was ich von ihrem Plan hielt. Die Worte, die ich durch zusammengebissene Zähne herauspressen wollte, sollten nicht in Hörweite einer Sechsjährigen ausgesprochen werden.

»Tut mir leid, Liebes. Ich muss zur Arbeit.« Ich zerzauste ihre Haare, was sie zum Lachen brachte. »Und hallo, Poppy.«

»Jessie.«

Die Hündin winselte aufgeregt und stellte sich auf die Hinterbeine, um mich zu begrüßen.

»Du bist ein Schatz, nicht wahr, *Poppy*?« Ich neigte den Kopf hinab, um mir Küsschen von der Hündin abzuholen, und kicherte über die leidenschaftliche Aufmerksamkeit, die ich bekam. Ich hörte, wie Abbie mit Emily sprach, aber ihre Worte waren so leise, dass ich sie nicht verstand. Trotzdem wusste ich, dass meine Schwester nichts Gutes im Sinn hatte.

Ich setzte Emily vor ihrem Haus ab und verweilte nicht einmal, um hineingebeten zu werden. Ich ahnte, dass sie etwas sagen wollte, gab ihr aber keine Gelegenheit dazu. Stattdessen stammelte ich irgendetwas darüber, dass die Arbeit wartete und ich losmusste.

Es stimmte. Ich war beschäftigt. Zu viele Aufträge und nicht genug Stunden im Tag, vor allem wenn ich bis Samstagmorgen den Auftrag der Frau annehmen wollte, die für den Titel Hundebesitzerin des Jahres kandidierte.

Tut mir leid. Das klang zickig, ich weiß. Aber früher war mein Leben so einfach gewesen. Arbeit. Nach Hause fahren. Essen. Duschen. Bett. Dann dasselbe am nächsten Tag ... und am nächsten und ... bis in alle Ewigkeit.

Scheiße. Ab Samstagmorgen sollte ich für Emily Carson arbeiten. Sie wäre meine Arbeitgeberin und dann würde ich in ihrer Gegenwart sozial sein müssen. Ich weiß, mit Charlie spazieren zu gehen müsste eigentlich als sozial gelten, aber das war es nicht. Ich habe es schon gesagt und ich sage es wieder – es war eine Notwendigkeit.

Wem versuchte ich hier etwas vorzumachen? Mir selbst? Anscheinend.

Der Tag verstrich in einem Wirbelwind aus Einpflanzen und Terminvereinbarungen mit potenziellen Kunden. Für den nächsten Morgen vereinbarte ich ein Gespräch mit einem gewissen Mr. Davies um elf Uhr und hatte nur ein ganz kleines schlechtes Gewissen, als ich mir Emilys Gesicht vorstellte, wenn ich ihr leider für den nächsten Besuch bei Charlie absagte.

Ihr wisst wahrscheinlich genau, dass das gerade eben eine Lüge war, oder?

Ich hatte ein großes schlechtes Gewissen. Vor allem, weil ich mich nicht unbedingt zu dieser Zeit mit ihm treffen musste. Würdet ihr mit Mr. Davies sprechen, hättet ihr allerdings den Eindruck, dass elf mein einziges verfügbares Zeitfenster war. Zumindest hatte ich ihm das weißgemacht.

Den ganzen Nachmittag lang nagte das schlechte Gewissen an mir. Ich musste Emily sagen, dass ich unsere Verabredung nicht einhalten konnte, und zögerte nur das Unvermeidliche heraus. Es war ja nicht so, als würde ich Charlie nicht besuchen können, so viel stand fest. Ich konnte ihn nicht *nicht* besuchen. Eine kleine Stimme flüsterte immer wieder: »Aber du willst auch sie sehen, oder?«

Ich knurrte und rammte meinen Spaten in den Boden, gefolgt von einem kräftigen Stampfer meines dreckigen Stiefels. Es war etwas Anderes, mit Charlie zusammen zu sein. Eine Bindung mit ihm einzugehen unterschied sich drastisch von einer Verabredung mit Emily. Ich hoffte, dass er zu einem Teil meiner Familie wurde, etwas, das Emily nie sein würde. Ja, sie war attraktiv und ja, ich fühlte mich zu ihr hingezogen. Aber ich wollte nicht das Gefühl haben, dass sie die Kontrolle über die Entscheidung hatte, wo Charlie leben würde. Wenn sie dachte, dass ich Gefühle für sie hatte, würde sie dieses Wissen vielleicht gegen mich verwenden.

Es war überraschend, was es für meine Perspektive tat, eine Weile in der kalten, harten Erde zu graben, so absurd es auch war. Das war völlig irrational von mir. Es bedeutete rein gar nichts, dass ich Zeit mit Emily verbrachte, solange ich nicht zuließ, dass sie mich manipulierte.

Wow. Immer langsam mit den jungen Pferden! Würde Emily es überhaupt wagen, mich zu manipulieren? Bilder von ihr kamen mir in den Sinn – ihr warmes Lächeln und die lebendigen Augen, ihr Lachen, wie sie den Kopf zurückwarf, um ihren Pony aus dem Gesicht zu schütteln. Das alles schien nicht zu einer Frau zu passen, die es nur auf eins abgesehen hatte. Und vorhin hatte sie aufrichtig besorgt gewirkt. Sie hatte meinen Arm genommen, um zu prüfen, wie ich mich fühlte; sie hatte mir die Leine angeboten und mir meine Zeit mit Charlie gelassen. Es hatte sogar so gewirkt, als wollte sie Zeit mit mir verbringen.

Ach, Scheiße. Ich hatte es vermasselt.

Ich rief Mr. Davies an und versuchte, die Zeit zu ändern, aber er hatte schon andere Pläne. Gleich nach unserem Gespräch hatte er offenbar alles von einem Arzttermin bis hin zu einem Haarschnitt ausgemacht. Ich versuchte es wirklich. Aber … nein. Er konnte nur um elf Uhr, also zu dem Zeitpunkt, zu dem ich Emily abholen sollte. Einen Moment lang überlegte ich sogar, ihm zu sagen, dass ich den Auftrag doch nicht annehmen konnte – aber bei dieser Wirtschaftslage konnte man es sich nicht leisten, Arbeit abzulehnen. Jedenfalls konnte ich es nicht.

Und das war's.

Den restlichen Tag lang holte ich immer wieder Emilys Karte heraus und versuchte sie anzurufen und ihr alles zu erklären. Aber wie sich herausstellte, war ich tatsächlich eine feige Nuss und kam nicht über die ersten drei Ziffern ihrer Nummer hinaus. Schließlich schickte ich ihr eine Nachricht, in der ich erklärte, was passiert war, und verzog das Gesicht, während ich auf *Senden* drückte.

Zehn Minuten später bekam ich eine Antwort, in der sie mir versicherte, dass die Planänderung kein Problem war, und war etwas enttäuscht. In einem Moment gab ich mein Bestes, mich von Emily zu distanzieren, und im nächsten war ich sauer, weil meine innere Qual nicht geteilt wurde. Ein Hoch auf mich und meine Unfähigkeit, mich selbst zu verstehen – wie sollte jemand anders es also jemals schaffen?

Fünf Minuten später bekam ich eine zweite Nachricht, in der stand: *Habe ich dich verärgert?*

Nein. Ich hatte mich selbst verärgert. Anstatt sofort zu antworten, tat ich, was alle Briten tun würden – ich setzte Tee auf. Anstatt den Tee jedoch zu brühen, schmorte ich in meinen eigenen Gedanken. Emily hatte nichts falsch gemacht, warum sollte sie also glauben, dass sie mich verärgert hatte? Ich war eine Geschäftsfrau mit Verpflichtungen, um die ich manchmal nicht herumkam – oder manchmal doch, aber ich hatte es so aussehen lassen, als könnte ich es nicht. Warum also …

Als mein Handy klingelte, schüttete ich Tee über meine Finger und fluchte laut. Ich war nicht einmal überrascht, als ich den Namen auf dem Display sah: *Abbie Zuhause.*

Vielleicht war es ein Zufall.

»Warum hast du Emily für morgen abgesagt?«

»Woher weißt –«

»Warum?«, beharrte sie. »Ist es, weil ich sie zu Robs Fete eingeladen habe?«

Fete? Was zum Teufel?

»Wenn du es unbedingt wissen musst, ich mag die Frau.«

»Es wäre gut, wenn sie kommt, damit sie sieht, dass du aus einer normalen Familie stammst. Sie soll ihre Meinung nicht nur auf das Bild stützen, das sie bisher von dir bekommen hat.«

Was sollte das denn … »Hey!«

»Wenn du willst, dass sie ihren Anspruch auf Charlie aufgibt, hältst du dich besser im Zaum.«

Scheiße. Meine große Schwester hatte mir gründlich den Kopf gewaschen. »Ich habe eine Besprechung mit einem Kunden, wenn du es unbedingt wissen musst.« Bei ihrem Schnauben biss ich die Zähne zusammen. »Und warum hast du mit der Einladung zu Robs Fete gewartet, bis sie mit mir zusammen war? Es ist offensichtlich, dass ihr zwei verdammt noch mal Telefongespräche führt.«

»Ach … ähm … tun wir gar nicht.«

»Bis dann, Abbie.« Anruf beendet.

Bevor sie mich zurückrufen konnte, wählte ich Emilys Nummer, ohne allzu genau darüber nachzudenken. »Em? Hi. Ellie Anderson.« Warum stellte ich mich mit vollem Namen vor und warum nannte ich sie *Em*? Ich gab ihr keine Gelegenheit, mehr als »Hallo« zu sagen, bevor ich mit einer weiteren Mini-Lebensgeschichte begann, fast wie *Ein Tag im Leben der Ellie Anderson*. Alles, was sie einwerfen konnte, war »Ähm« und »Okay«, gefolgt von einem »Ich verstehe«. Schließlich verstummte ich und ließ die Frau zu Wort kommen.

»Also wolltest du, dass ich Charlie morgen allein besuche?«

Hä? Hatte sie meiner Erklärung nicht zugehört? Ich dachte, ich hätte die Umstände ganz gut zusammengefasst.

»Ich könnte, ähm, später fahren. Ich muss nicht um elf hin.«

Scheiße. Daran hatte ich nicht gedacht. Es ist ein Wunder, dass ich überhaupt gleichzeitig gehen und reden kann.

»Um drei?« War ich zu eifrig? Und kümmerte das überhaupt irgendjemanden?

Emilys Lachen drang durch die Leitung und aus irgendeinem dummen, mädchenhaften Grund verspürte ich den Drang, mir das Telefon verträumt an die Brust zu drücken.

»Das wäre fantastisch. Und danach kannst du mir vielleicht erzählen, was du ungefähr geplant hast, um meinen Garten vorzeigbar zu machen.«

»Mit Freuden.« Verwandelte ich mich etwa in einen richtigen Arschkriecher? Offensichtlich, denn sonst hätte ich ja *Allerwehrtester* gesagt. Als ich mich verabschiedete, fühlte ich mich viel leichter. Und wusste nicht genau warum.

Die Nacht war voller Träume, wilder Träume, die überhaupt nicht nett waren. Ich wachte schweißgebadet auf, stand auf und versuchte, mich um einige Rechnungen zu kümmern. Ich konnte mich nicht konzentrieren. Das Echo der Träume huschte immer wieder durch meinen Kopf. Etwas pochte in meiner Brust, als Bilder von Toby sich mit den Blicken meiner Eltern vermischten, während ich Kisten in mein Auto geladen und mein Zuhause verlassen hatte. Ich wusste nicht, warum ich von ihnen geträumt hatte. Es war Jahre her, seit ich zugelassen hatte, dass sie irgendeinen Teil meines Lebens verseuchten – egal, ob bewusst oder unbewusst. Toby konnte ich verstehen, aber *sie*? Nein. Sie bedeuteten mir nichts.

Ich verließ das Haus vor sechs Uhr und machte mich an die Arbeit. Elf Uhr kam zu schnell, da ich mir nicht wirklich erlaubt hatte, an etwas anderes als an die Arbeit zu denken. Es war zu schmerzhaft, sich weiterhin mit der Vergangenheit zu befassen. Arbeit war eine gute Ablenkung, etwas, das ich tun konnte, ohne allzu viel zu grübeln. Anders gesagt: sicher. Das Treffen mit Mr. Davies lief glatt und ich bekam den Auftrag. Es war kein schwieriger – er wollte nur einen Teich in seinem Garten, an dem er mit seiner Frau sitzen konnte, sobald das Wetter wärmer wurde. Als ich ihn mit seiner Frau sah, bereute ich, dass ich am Vortag so zickig zu ihm gewesen war. Sie waren schon über fünfzig Jahre zusammen, strahlten aber immer noch Liebe aus. Stellt euch vor, all diese Zeit mit derselben Person zusammen zu sein und sie immer noch so stark zu lieben wie bei der ersten Begegnung. Ich weiß, ich kenne nicht ihr ganzes Leben, aber es war offensichtlich, dass diese beiden füreinander bestimmt waren.

Für einen Augenblick wollte ich genau das. Ich wollte zufrieden und glücklich und den größten Teil meines Lebens lang bedingungslos in dieselbe Person verliebt sein. Ich wollte ein Fischteichleben.

Um viertel vor drei fuhr ich vor Emilys Haus. Natürlich wartete sie bereits. Ein kleiner Teil von mir wollte, dass sie bemerkte, dass ich wieder früh dran war, nur damit ich darauf sagen konnte: »Und du wartest«, damit ich wieder ihr musikalisches Lachen hören konnte. Aber das tat ich nicht. Ich grinste nur idiotisch und zeigte auf meine Uhr. Ich konnte nicht anders. Musste einfach sehen, ob ich sie zum

69

Lachen bringen konnte. Als sie es tat, überschlug sich mein Magen wie ein perfekter Pfannkuchen.

Bevor ich mich versah, waren wir mit dem kleinen Racker draußen. Diesmal beschlossen wir, mit ihm ins Dorf zu gehen statt durch den Wald. Charlie genoss die Aufmerksamkeit sichtlich, die er von allen bekam, die ihn sahen. Mehr als genug Kraulen am Kopf und Pfotenschütteln für den Rest des Tages. Als wir an einem Geschäft vorbeikamen und er sein Spiegelbild im Schaufenster entdeckte, blieb er stehen, sein Hals wurde starr und seine Ohren ragten drollig in die Höhe.

»*Wuff!*« Sein Kopf zuckte zurück, da er offenbar dachte, der *andere* Hund hätte zurückgebellt.

»*Wuff!*«, versuchte er es nun etwas tiefer und er duckte sich, als wollte er die Lage peilen. Er trat vorsichtig vor und drückte das Gesicht ans Glas. *Schleck.* Eine sehr pinke Zunge glitt heraus und leckte über das Spiegelbild, immer und immer wieder. Er steigerte sich richtig rein, aber es war offensichtlich, dass mein Junge keinen Anfall von hündischem Narzissmus hatte – er zeigte uns, dass er wusste, dass es nur ein Spiegelbild war. Gesegnet sei dieses Fellknäuel.

Ich weiß, ihr denkt wahrscheinlich »Was für ein Mist«, aber wenn ich Heteroleuten zuhören muss, wie sie mir »drollige« Geschichten über ihre Kinder erzählen, habe ich definitiv das Recht, dasselbe zu tun.

Der Spaziergang erschien mir kürzer, obwohl er genauso lange dauerte wie immer. Anstatt zu schweigen, wie wir es normalerweise taten, hatte ich in den sauren Apfel gebissen und sie nach etwas mehr gefragt als ihrem Alter. Während ich zuhörte, wie sie von ihrem Unternehmen erzählte, erkannte ich bald, dass wir uns nicht unähnlich waren. Nicht einmal erwähnte sie soziale Aktivitäten, Freunde oder auch nur das letzte Mal, als sie auswärts gegessen hatte.

Der letzte Teil blieb in meinem Kopf hängen und beharrte: *Lad sie zum Essen ein!*

Nein. Glücklicherweise behielt ich auch diesen Ausruf in meinem Kopf.

Die innere Stimme drängte weiter. *Frag sie!*

Nein! Ich drehte mich um und grinste Emily an. Bestimmt kennt ihr diesen Blick, der geradezu »Trottelalarm« schreit.

Diesmal beschloss meine innere Stimme offenbar, dass sie sich nicht länger zieren wollte, da sie metaphorisch tief Luft holte und brüllte: *Zum Teufel nochmal! Frag sie!*

»Nein!«, brüllte ich zurück.

Emily zuckte zusammen.

Ebenso wie ich.

Charlie hörte auf, einen extrem interessanten Grashalm zu beschnuppern, und warf mir einen irritierten Blick zu, bevor er den Grashalm fraß. Sogar mein Hund sagte mir, dass Essen etwas Gutes war.

»Was?«

Ich versuchte es mit Ahnungslosigkeit. »Nichts.«

»Du hast ›Nein‹ geschrien.«

»Hab ich das?« Ich konnte meinen inneren Dialog ja nicht verraten, oder? »Ich … ähm … ich habe ›fein‹ gesagt.« Und das war besser?

»Also warum ›fein‹?«

War das ein Rap-Battle? »Ich habe nur …«, mein Blick huschte umher und landete bei einer Frau, die auf der anderen Straßenseite ihren Hund ausführte, »den Hund dort drüben beschrieben.« *Verdammt* schlecht. Schlecht, peinlich schlecht.

Emily sah zu dem winzigen Yorkshire Terrier hinüber und wieder zu mir, ihr Stirnrunzeln zeigte ihre Verwirrung.

»Bei diesen Hunden kann man allerdings nicht vorsichtig genug sein. Die beißen dir im Handumdrehen den Knöchel durch.«

Nach einem weiteren Blick auf den winzigen Hund schnaubte Emily und lachte dann. »Hast du gesehen, wie klein der ist? Mein Knöchel ist größer als sein Maul.«

Charlie hob den Kopf und schnüffelte in die Luft, dann drehte er sich um und starrte den Yorkie finster an.

Ich war verlegen. Und wenn ich verlegen bin, tue ich garantiert etwas noch Dümmeres – wie etwa mein Handy in die Toilette fallen zu lassen. »Sollen wir uns etwas zu essen holen, nachdem wir Charlie zurückgebracht haben?«

Emily hörte auf zu lachen und starrte mich an, als wollte sie mich durchschauen. Wenn sie es tat, hoffte ich wirklich, sie würde mich an ihren Erkenntnissen teilhaben lassen, denn ich verstand mich absolut nicht.

Es war, als wäre die Zeit stehen geblieben und ich wäre die Einzige, die den Stillstand erlebte. Nichts um uns herum bewegte sich, abgesehen von Emilys Haaren, die wunderschön um ihr Gesicht wehten.

»Sehr gerne.«

Bumm. Die Zeit lief an, bevor sie wieder stockte, als sie mir ihr schiefes Lächeln zeigte. Sie wandte sich ab und zog an Charlies Leine, damit er bei Fuß ging.

Ich blieb noch einige Augenblicke lang stehen und beobachtete, wie sie davonging, während mein Herz heftig in der Brust hämmerte.

Es war nur eine Mahlzeit in einem Pub, aber es war der Gedanke, der zählte. Nachdem Emily zugestimmt hatte, mit mir zu essen, und wir Charlie ins Hundeheim zurückgebracht hatten, fiel mir kein anständiges Lokal ein, in dem es nicht allzu sehr wie ein Date wirken würde. Es war kein Date; es war Essen. Gutes Essen, aber trotzdem nur Nahrung, eine Notwendigkeit. Jeder musste essen und es konnte nicht schaden, eine Mahlzeit mit einem anderen menschlichen Wesen zu teilen.

Wem machte ich etwas vor? Zusammen mit Emily Spaghetti Carbonara zu essen war durchaus befriedigend. Ich konnte gar nicht aufhören, zu beobachten, wie meisterhaft sie die Spaghetti um die Gabel wickelte, und es waren auch nur ihre attraktiven Augen, ihre Stimme, ihr Duft und wie sie die Haare hinter ein Ohr schob, wenn sie sprach, die mich ablenkten.

Das ist gelogen. Es waren nicht nur diese Dinge, es war alles an ihr. Sogar wie sie sich mit der Serviette den Mund abtupfte oder ihren Fruchtsaft trank.

Unsinn. Was geschah gerade mit mir? Ich wollte das nicht. Aber das tat ich doch. Und wie ich es wollte. Ich merkte, wie ich auf ihre Lippen starrte, mich entblößt und verletzlich fühlte, Gefühle erlebte, die ich bis zu diesem Moment noch nie in meinem Leben erlebt hatte. Ich sehnte mich danach, ihre weichen Lippen zu spüren, sehnte mich nach der sanften, leichten Berührung, wie ich ihren Mund mit der Zungenspitze necken und erlauben würde, dass ihr Atem sich mit meinem vermischte, bevor ich sie ernsthaft kostete.

»Alles in Ordnung?«

Hitze flutete mein Gesicht und ich packte mein Getränk und hob es an, um mein halbes Gesicht dahinter zu verstecken. »Alles ist wunderbar. Warum?«

Ein Lächeln trat auf ihr Gesicht, bevor sie leise sagte: »Nur so.«

Als wir wieder zu Emilys Haus kamen, war es so dunkel, dass ich mich nicht mehr umsehen und Vorschläge für die anstehenden Renovierungsarbeiten machen konnte. Anstatt sie im Auto zu verabschieden, stieg ich aus und begleitete sie zur Haustür. Während wir so unter der Sicherheitsbeleuchtung dastanden, fühlte ich mich wie ein Teenager, die ihr Date am Ende des Abends nach Hause brachte. Das Einzige, was für dieses Bild noch fehlte, war ein Kuss auf der Türschwelle.

Ich fühlte mich seltsam. Ich wollte sie küssen – zu sehr. Ich wollte sie in die Arme nehmen und ihr zeigen, wie sehr ich sie küssen wollte, aber … aber … Charlie. Würde sie denken, dass ich es nur tat, weil ich ihn wollte? War ich tatsächlich nur wegen ihm an ihr interessiert?

Es war, als hätte jemand sich hinter mir angeschlichen und einen Eimer Eiswasser über den Moment ausgeschüttet.

»Morgen um elf, okay?«, fragte ich. Hatte sie eben schon so dicht vor mir gestanden? War ihr Blick immer so eindringlich? Und warum antwortete sie nicht? »Oder um drei, wie heute?«

»Was?« Was auch immer sie gedacht hatte, wurde plötzlich von der Erkenntnis verdrängt, dass sie meine Worte nicht gehört hatte. »Wie heute um drei?«

»Dann um drei.« Ich trat zurück, noch nicht ganz bereit, den Moment loszulassen. »Danke für heute. Ich hatte wirklich Spaß.«

Bevor sie antworten konnte, war ich weg.

Kapitel 5

Als ich im Bett lag, dachte ich darüber nach, was vorhin geschehen war. War die Anziehung, die ich fühlte, einseitig? Doch das glaubte ich nicht. Emilys Blick hatte eine andere Sprache gesprochen, als ich mich nach dem Kuss gesehnt hatte. Vielleicht war es Schock? Ekel? Zurückweisung? Aber nein. Ich war sicher, dass sie mich geküsst hätte. Und was hatte ich getan? Wie üblich war ich völlig ratlos, was diese Frau betraf. Versteht mich nicht falsch – ich habe mich schon mit einigen getroffen, aber keine hat mir dasselbe Gefühl gegeben wie Emily.

Scheiße. Ich brauchte das nicht. Ich wollte das nicht. Ich wollte einfach wie üblich nichts fühlen. Eine Frau in mein Leben zu lassen war meinem Lebensstil nicht dienlich. Ich wollte allein mit meinem Hund sein, damit … damit … damit was? Damit ich nie wieder erleben musste, wie mir von einem geliebten Menschen der Rücken zugekehrt wurde, so wie es meine Eltern getan hatten? Damit ich nie wieder das mir vertraute Leben aufgeben und alles ändern musste, was ich bis dahin als Teil davon betrachtet hatte?

Scheiße. Schon wieder. Warum dachte ich an *sie*? Sie bedeuteten mir nichts, ebenso wie ich ihnen nichts bedeutete.

Trotzdem würde es nicht schaden, eine neue Freundin zu haben, mit der ich Dinge unternehmen konnte. Ein boshaftes Grinsen trat auf mein Gesicht, als mir ein selbstgefälliger Gedanke kam. Eine neue Freundin, die vielleicht *meinen* Hund mit *mir* Gassi führte.

Während ich mich unter die Decke kuschelte, beschwor ich Bilder von Charlie herauf, wie er seinen Ball jagte. Wärme breitete sich in mir aus und mein Herz zu wurde zu meiner Überraschung wieder leichter. Ich hatte gar nicht bemerkt, wie schwermütig ich geworden war.

Sollte ich zum dritten Mal *Scheiße* sagen? Es sah so aus.

Warum nahm ich meinen Körper plötzlich so genau wahr, vor allem dieses Organ links in meiner Brust?

Ich schlug die Decke zurück und erkannte, dass der Schlaf heute nicht leicht kommen würde.

Da ich jeden Tag so früh mit der Arbeit begann, erledigte ich den aktuellen Job noch vor Mittag und beschloss, nach Hause zu fahren und zu duschen, bevor ich Emily abholte. Ich verbrachte eine erstaunlich lange Zeit damit, zu überlegen, was ich anziehen sollte, aber sobald ich merkte, was ich tat, schlüpfte ich einfach in meine Lieblingsjeans und einen Pulli.

Emily wartete am Tor und ihr Grinsen war herrlich und so wunderschön. Da kam mir ein Gedanke: Warum sollte Emily mich überhaupt mögen? Ich war nichts Besonderes. Zugegeben, ich war keine komplette Zicke, aber eben auch nicht Emily Carson. Sie war hinreißend, vor allem wenn sie lächelte. Warum um alles in der Welt war sie noch Single, obwohl sie ganz offensichtlich jede haben konnte, die sie wollte?

»Ich hoffe, du hast nichts dagegen, aber ich muss gleich nach dem Spaziergang mit Charlie zurück.«

Ich war zu beschäftigt damit, an meinem Sitz herumzufummeln, um etwas auf ihre Bemerkung zu sagen, also brummte ich nur zur Antwort.

»Eine Freundin besucht mich später.«

Das ließ mich innehalten. Einer Freundin? Als wir am Abend zuvor geplaudert hatten, hatte sie keine *Freundin* erwähnt.

Ich drehte mich zu ihr um und sah sie erröten, bevor sie verlegen zum Fenster hinaussah. *Bling.* Wieder fiel der Groschen. Diese Art Freundin also … entweder Partnerin, Ex-Partnerin oder potenzielle Partnerin. Eine Welle der Enttäuschung überflutete mich.

»Okay. Sicher.« Ich startete den Motor. »Wenn du nicht kommen kannst, ist das –«

»Nein! Ähm … nein. Ich habe Zeit.«

Ich nickte. Obwohl ich also bereits beschlossen hatte, dass Emily zu gut für mich war, und es vorgezogen hätte, zumindest eine dieser Freundinnen mit gewissen Vorzügen zu sein, fühlte ich mich trotzdem niedergeschlagen.

Seht ihr? Das Leben ist gemein, auch wenn ihr ihm verkündet habt, dass ihr nicht mehr wollt als das, was ihr bereits habt.

Der Samstagmorgen kam und ich wollte nicht zur Arbeit fahren. Das war ein ungewöhnliches Gefühl. Seit ich damals bei meinen Eltern ausgezogen war, schien Arbeit das Einzige zu sein, wofür ich lebte – abgesehen von Toby und Abbie.

Aber ich musste los. Schließlich wartete Emily auf mich.

Ich kam kurz nach acht dort an und war ein wenig enttäuscht, Emily nicht bereits am Tor stehen zu sehen. Sie schleifte auch nicht die Fensterbänke. Ich konnte sie nirgendwo entdecken. Seufzend ging ich um meinen Pick-up herum und begann, mein Werkzeug auszuladen.

»Guten Morgen.« Die Stimme ertönte hinter mir – eine Stimme, die ich nicht erkannte. »Du musst Ellie sein.«

Ich drehte mich um und sah eine Frau in den Dreißigern – eine sehr hübsche Frau, die mich angrinste und mir die freie Hand hinhielt. In der anderen hielt sie eine Kaffeetasse. »Ich bin Michelle Simmons, eine … Freundin von Emily.«

Die *Freundin* also? Die Freundin, die so offensichtlich die Nacht bei ihr verbracht hatte. Und ihrem strahlenden Gesicht nach zu schließen eine sehr erfüllende Nacht voller Sex gehabt hatte.

Ganz bestimmt sammelte sich Röte in meinem Gesicht, als ich mir vorstellte, wie Emily mit der Blondine vor mir der wilden Leidenschaft frönte. Wenn ich nicht diesen scharfen Stich der Eifersucht verspürt hätte, hätte ich zugegeben, dass sie ein wunderbares Bild abgaben. Zwei hinreißende Frauen, die einander liebten.

»Du bist doch Ellie, oder? Ems hat gesagt, du würdest heute kommen.«

Mein Blick huschte zu ihrer ausgestreckten Hand und ich erkannte, dass ich die Geste völlig ignoriert hatte. Es war nicht ihre Schuld, dass sie die Katze war, die die Sahne bekommen hatte.

»Oh, ja … tut mir leid. Ich war gerade meilenweit entfernt. Ellie Anderson.« Ich schleimte mich mit überfreundlichem Tonfall ein. Und war doch die verbitterte Liebesrivalin, die ihre Gefühle verbarg. Ich weiß, was ihr denkt – in einem Moment wollte ich Emily und im nächsten wieder nicht. Dazu kommt noch die Eifersucht und ihr habt mich durchschaut – eine verkorkste Einzelgängerin, die sich nicht entscheiden konnte, was sie nun wollte.

Ein Lachen sprudelte über ihre Lippen und sie ergriff meine Hand und schüttelte sie. Als sie näher an mich trat, fing ich einen deutlichen Hauch von Emilys Parfüm auf. Konnte es noch schlimmer werden?

»Brauchst du Hilfe beim Ausladen? Emily duscht noch, sie hat heute Morgen verschlafen.« Michelle lehnte sich vor und zwinkerte mir zu. »Sie ist nicht mehr so ausdauernd wie früher.«

Natürlich konnte es noch schlimmer werden.

»Nein, ich komme schon klar. Ehrlich.« Ich wollte vom Schauplatz fliehen, wollte nicht noch mehr darüber herausfinden, was zwischen Emily und Michelle geschehen war. »Es gibt etwas, das du tun könntest, wenn du nichts dagegen hast.«

Michelles Miene wurde ernst, als sie nickte und sich in gespielter Habachtstellung aufrichtete.

»Könntest du Emily sagen, dass ich später zurückkomme? Ich muss noch einige Dinge holen.«

Ein Stirnrunzeln huschte über ihr schönes Gesicht, bevor sie sagte: »Wir hatten gehofft, dass du mit uns frühstückst.«

Zum Teufel damit! Ich setzte mein charmantestes Grinsen auf. »Tut mir leid. Ich habe schon gegessen.« Hatte ich nicht, aber das wusste sie ja nicht. »Ich bin am Nachmittag zurück.«

Bevor Michelle etwas erwidern konnte, klingelte mein Handy. »Da muss ich rangehen. Entschuldige.« Warum entschuldigte ich mich laufend bei ihr?

Ich drehte mich von ihr weg und drückte auf *Annehmen*. »Hey, Baby, wie geht's dir heute Morgen?«

»Was? Bist du sauer?« Abbie klang nicht so, als würde sie mitspielen, aber es war mir egal.

»Ich hätte dich ja aufgeweckt, aber du hast so tief geschlafen.«

»Du bist sauer. Und verdammt verrückt geworden. Was ist –«

»Um sieben? Das wäre wundervoll.«

»Jetzt reizt du mich aber. Was –«

»Ich muss los. Die Arbeit ruft.« Ich drückte etwas länger als nötig auf die *Auflegen*-Schaltfläche, damit das Handy sich

79

komplett ausschaltete. Wenn es eins gab, dessen ich mir in diesem Moment absolut sicher war, dann dass meine Schwester mich sofort zurückrufen würde.

Ich drehte mich zu Michelle zurück und ihr Gesichtsausdruck ließ mich kurz erstarren. Es war ein Ausdruck der Enttäuschung. Oder hatte ich mir das nur eingebildet? Er war so schnell wieder verschwunden, vielleicht hatte ich das. Schulterzuckend sagte ich: »Frauen, richtig?«

Michelle nickte. »Also … ähm … ich lasse dich dann mit deiner Arbeit weitermachen.« Ohne ein weiteres Wort ging sie davon, während die nun leere Kaffeetasse von ihrer Hand baumelte.

Als ich um ein Uhr zu Emilys Haus zurückkehrte, war Michelle nirgendwo zu sehen und Emily auch nicht. Anstatt meine Ankunft zu melden, lud ich die Zaunfelder und Pfosten aus, die ich gekauft hatte, um die Umgebung ausbruchssicherer zu machen. Immer noch keine Spur von Emily, obwohl ich wusste, dass sie zu Hause sein musste.

Ich wollte nicht klopfen, falls die beiden drinnen die Geschehnisse der gestrigen Nacht wiederholten. Aber Charlie wartete. Unsere übliche Besuchszeit war bereits verstrichen. Er musste denken, wir hätten ihn im Stich gelassen.

Je länger ich daran dachte, dass Charlie hinter den Stäben seines Zwingers wartete und Ausschau nach uns hielt, desto zappeliger wurde ich. Warum mied ich Emily? Es war nicht so, als hätte sie kein Recht auf ein Liebesleben. Es sollte nichts ändern, dass sie mich nicht auf diese Art wollte. Unsere Beziehung war rein geschäftlich und drehte sich um ihren Garten und letztendlich um das Recht auf den kleinen Mann selbst.

Nach zwanzig Minuten beschloss ich, mein Rückgrat auszugraben und zu klopfen. Was könnte im schlimmsten Fall schon passieren? Nein, streicht die Bemerkung. Bei meinem Glück, würde ich sie noch unterbrechen, wie sie auf dem Küchentisch zur Sache gingen.

Auf mein Klopfen hin bat Emilys Stimme mich hinein. Sie telefonierte gerade. Sie formte »Hallo« mit den Lippen und schickte ein verschmitztes Grinsen hinterher. »Ja. Ja. Sie ist jetzt hier. Willst du mit ihr sprechen?«

Hä? Wer würde Emily anrufen und dann mit mir sprechen wollen? Ich kannte die Antwort, schon bevor ich ihr Handy nahm, und mein Herz sank in meinen Magen, bevor es mir direkt in die Kehle hinaufsprang.

»Dachte ich's mir doch, dass ich dich so erwischen würde. Was zum Teufel ziehst du jetzt wieder ab?« In Abbies Stimme lag ein Anflug von Humor.

Sie wusste verdammt gut, was ich abgezogen hatte. Ich hoffte, sie würde es für sich behalten und sich nicht vor Emily verplappern. Ich brauchte meine Schwester nicht, um wie eine Idiotin zu wirken; das bekam ich sehr gut allein hin.

»Ach, egal«, sagte sie auf mein Schweigen.

Das war neu. Wenn Abbie Antworten wollte, gab sie nicht so einfach auf.

»Wir sehen uns später.« Sie wartete einen Moment und fügte hinzu: »Dann kannst du es mir erzählen.« Ein gurgelndes Geräusch drang aus meinem Mund, aber Abbie hatte die Oberhand. »Oder willst du, dass ich Emily erzähle, dass du vorgegeben hast, ein Liebesleben zu haben?«

»Sieben ist wunderbar. Ich kann es kaum erwarten!«

»Gutes Mädchen. Du weißt doch, dass ich immer recht habe.«

Nachdem ich aufgelegt hatte, drehte ich mich zu Emily um, die mit ihrem Mantel über dem Arm in der Tür stand. »Bereit?«

Obwohl Emily auf den ersten Blick so wirkte wie immer, energiegeladen und wunderschön, fehlte irgendetwas in ihrem Lächeln. Es war nicht so strahlend und aufrichtig und rundum bezaubernd wie ich es inzwischen von ihr kannte.

»Klar.«

Was habt ihr denn gedacht? Dass ich fragen würde, was nicht stimmte?

Erst auf halbem Weg zu *Dogs Trust* wurde mir klar, warum Emily nicht sie selbst war. Michelle. Es war offensichtlich. Ich hatte Michelle nirgendwo gesehen und Emily vermisste sie wahrscheinlich. An diesem Punkt begann ich, auf meiner Lippe zu kauen. Hätte ich Michelle einladen sollen, statt anzunehmen, dass alles genauso ablaufen würde wie bei unseren vorherigen Besuchen bei Charlie? War das selbstsüchtig von mir? Kalt? Oder war das einfach, wer ich war?

»Vermisst du Michelle?« Was zum Teufel? Ich wollte nicht über ihre Partnerin reden. Alles, nur das nicht. Ich sah Emily nicht an, als sie antwortete. Ich wollte die Sehnsucht in ihrem Gesicht nicht sehen.

»Ja. Das tue ich immer, wenn sie nicht da ist.«

Da ich erst seit gestern Abend von ihrer Partnerin wusste, überraschte mich das.

»In letzter Zeit sehe ich sie kaum.«

Und erwähnte sie offenbar auch kaum in Gesprächen. Gott, wie zickig ich bin.

»Das letzte Mal war vor über einem Jahr.«

»Was zum Teufel? Über ein Jahr?«, rutschte es mir heraus. Ich konnte es mir nicht verkneifen. Aber ein Jahr, ohne die andere Hälfte? Das erschien mir doch etwas lang, oder nicht?

Emily lachte laut. »Ich verstehe. Sie ist beschäftigt. Ihre Arbeit führt sie hierhin und dorthin.«

Aber ein Jahr?

»Und jetzt hat sie auch Tania, also muss ich sie mit jemand anderem teilen.«

Wer zum Teufel war Tania und was genau meinte Abby mit *teilen*? Ich warf einen Blick zu ihr und sah, dass sie grinste. War ich die Einzige, die glaubte, dass man in einer Beziehung nur zu zweit sein und sich öfter als einmal im Jahr sehen sollte?

»Ich frage mich, ob Charlie denkt, dass wir nicht kommen.«

Wie konnte sie über Charlie reden, wenn ihre Partnerin mit einer anderen Frau mehr tat als nur Stepptanzen?

»Ähm. Gute Frage.« Wie es aussah, würde ich wieder einmal meine Gedanken für mich behalten.

Ich glaube, auf seine eigene hündische Art hatte Charlie geglaubt, dass wir uns nicht blicken lassen würden. Wenn ihr gesehen hättet, wie seine Augen aufleuchteten, wie er sein Seilspielzeug packte und den ganzen Weg zu uns herüber damit kämpfte – begleitet von winselndem Knurren –, hättet ihr mir zugestimmt, dass er begeistert war. Dieser ersten Zurschaustellung folgten eine Menge Küsschen und Schlecken und ich fühlte mich gründlich geliebt und willkommen. Ich kannte ihn seit weniger als einer Woche und hatte bereits das Gefühl, dass meinem Leben ohne ihn irgendetwas fehlte.

Eine Stimme in meinem Kopf wanderte durch mein Gehirn, meine Wirbelsäule hinab und breitete sich durch meinen Körper aus. Eine beharrliche Stimme, die sagte, dass es nicht nur Charlie war, der mir dieses Gefühl gab. Es war auch die Frau mit der doppelspurigen

Fernbeziehung. Ein Seufzer entkam mir, aber ich überspielte es, indem ich Charlie noch mehr Liebe schenkte als sowieso schon.

»Ihr könnt ihn heute von der Leine lassen, wenn ihr euch bereit dazu fühlt.« Sharon stand mit einem ermutigenden Grinsen neben der Tür. »Seinem Bein geht es schon besser und an diesem Punkt in seiner Genesung wird ihm ein wenig Zeit von der Leine nicht schaden.«

»Wirklich?« Emily wirkte begeistert.

Ich war zu Tode erschrocken. Was, wenn er wegrannte? Von einem Auto angefahren wurde? Ein Eichhörnchen sah und es interessanter fand als uns? Was, wenn sein Bein wieder schlimmer wurde? Was, wenn –

»Alles in Ordnung?«, fragte Emily besorgt.

»So gerne ich das auch tun würde …« Es fiel mir schwer, die Ausrede zu beenden, da ich wusste, dass sie lahm war.

»Komm schon. Geh ein Risiko ein. Wie sollen wir wissen, wozu er fähig ist, wenn wir ihm keine Chance geben?«

Chance oder Risiko. Dieselbe Bedeutung und doch komplett gegensätzlich. Das eine Wort klang positiv, das andere bewirkte, dass ich ein Leben ohne Charlie vor mir sah.

Emily starrte mich an.

Ich wollte so sein wie sie, wollte risikofreudig sein, meinen Jungen durch das Gras laufen und Freiheit kosten lassen.

»Wenn du etwas liebst, lass es los.«

War das das Beste, was ihr einfiel? Wenn ich etwas liebte, hielt ich es dicht an meiner Seite und verkrümelte mich nicht für zwölf Monate am Stück. Das war vielleicht ihr Stil, aber bestimmt nicht meiner.

»Es wäre mir lieber, noch eine Weile zu warten, wenn du nichts dagegen hast.« Ich tätschelte Charlies Kopf. »Ich will es noch nicht riskieren.« Das war meine ganze Lebensgeschichte. Für mich war Risiko gleich Verlust. Ich hatte es riskiert, meinen Eltern zu sagen, dass ich nicht die heterosexuelle, enkelgebärende Tochter war, die sie aufgezogen hatten, und ihr seht ja, wohin mich das gebracht hat. Ich hatte riskiert, Toby so sehr zu lieben, und seht, was mit ihm passiert ist. Ich hatte auch riskiert, Emily Carson in mein Leben zu lassen …

An dieser Stelle höre ich lieber auf. Ich glaube, es ist klar, was ich meine.

Ich setzte Emily ab und fuhr nach Hause, um vor Robs sogenannter *Fete* zu duschen und mich umzuziehen. Ich wollte gerade anbieten, sie mitzunehmen, aber dann zögerte ich. Wenn ich sie fragte, ob sie eine Mitfahrgelegenheit zu meiner Schwester wollte, öffnete das zu viele Türen in zu viele Räume, die ich nicht betreten wollte. Emily hatte eine Freundin und ich war nur die andere Frau, die Charlie ebenso sehr – obwohl ich *mehr* sagen würde – wollte wie sie. Es war besser so. Für mich. Diesen Teil muss ich klarstellen, da es mir fern ist, euch glauben zu lassen, dass Emily Carson zu irgendeinem Zeitpunkt in unserer jungen Beziehung Anzeichen gezeigt hat, dass daraus mehr werden könnte. Ich glaube, ich komme vom Thema ab und rede nur sinnloses Zeug.

Fünfzehn Minuten vor sieben klopfte ich an Abbies Tür.

Anstatt vom zahnlosen Wunder Lily wurde ich von niemand anderem als der Diktatorin des Hauses selbst begrüßt. »Wo ist Em?«, fragte sie.

»Auch dir einen guten Abend. Schön, dich zu sehen.« Mein Sarkasmus ließ Abbie völlig kalt, also hielt ich die Tüten mit Wein und Knabberzeug hoch. »Ich bringe Gastgeschenke vom edlen Etablissement *Tesco*.«

»Hast du sie nicht abgeholt, wie wir vereinbart hatten?«

»Wir?« Ich erinnerte mich nicht daran, in den *Wir*-Teil miteinbezogen worden zu sein.

Aufgeregte Schreie erklangen aus dem Wohnzimmer und ich würde wirklich gerne sagen, dass es Rob war, aber es war meine Nichte. »Vielleicht solltest *du* sie abholen, wenn du sie so gerne hast.« Bevor sie antworten konnte, schob ich mich an Abbie vorbei und rief nach der Zwergin.

Lily hüpfte den Flur entlang, die Arme ausgestreckt und bereit, hochgehoben und herumgewirbelt zu werden, bevor ich sie mit Küssen überschüttete. »Wo ist Em?«

War das eine Verschwörung? Sogar meine sechsjährige Nichte wurde zu einer rechten Hand der spanischen Inquisitorin.

»Ich will Em auch sehen.«

Zum Teufel noch mal! Ich drehte den Kopf zu ernsten grünen Augen und einem Schmollmund um.

»Hol sie für mich ab.«

Ich öffnete den Mund, um Nein zu sagen, aber Lily legte einen Finger auf meine Lippen und schüttelte den Kopf. »Hol sie für mich ab. Bitte?«

Sie hatten sich definitiv gegen mich verschworen. Schuldgefühle wären noch untertrieben. Warum war ich plötzlich dafür verantwortlich, Emily zur Party zu bringen? »Sie ist wahrscheinlich schon auf dem Weg hierher, Baby.«

Blonde Augenbrauen schossen in die Höhe, aber ihr Blick ruhte weiterhin auf mir.

»Emily kommt selbst her, Lils.«

Ein Husten hinter mir unterbrach Lilys Starren und Abbie sagte: »Na ja … möglicherweise wartet sie auch auf dich.«

Ich schüttelte den Kopf. »Ich habe sie vorhin abgesetzt, ohne zu erwähnen, dass ich sie abholen würde.« Ich stellte Lily auf den Boden zurück und sie packte sofort mein Bein und zerrte an meiner Jeans. »Warum sollte sie auf mich warten?«

Wenigstens hatte meine Schwester den Anstand, verlegen zu wirken. »Ich habe sie vor etwa einer Stunde angerufen und gesagt, dass du sie aufgabeln würdest.«

»Fu–«

»Böses Wort, Tante Wellie.«

Meine Zähne schnappten zusammen und die Luft entwich mir aus der Nase.

»Ich habe dir doch eine Nachricht auf dem Handy hinterlassen. Hast du die nicht bekommen?«

Lily zerrte mich in Richtung Tür, in der Hoffnung, dass ich die Botschaft verstehen und mich verkrümeln würde, um ihre neue Freundin abzuholen.

Ich wollte sagen, dass ich das Klingeln nicht gehört hatte, aber Abbie und ich wussten beide, dass ich mein Handy seit heute Morgen nicht mehr eingeschaltet hatte, nachdem ich so getan hatte, als würde ich mit einer Geliebten sprechen. Das erinnerte mich auch daran, dass ich Abbie noch etwas schuldig war.

»Was hast du gesagt, wann ich bei ihr sein würde?« Mir blieb keine andere Wahl. Abbie hatte wie immer die Oberhand. Versteht mich nicht falsch, meine Schwester würde mich mit allem verteidigen, was sie hatte, aber das bedeutete nicht, dass sie nicht ihren Spaß mit mir haben würde, solange sie konnte. Den ganzen Abend wie auf glühenden Kohlen zu gehen war nicht gerade, was ich wollte. Wenn ihr je von meiner Schwester veräppelt worden wärt, hättet ihr auch nachgegeben.

Fünfzehn Minuten später fuhr ich bei Emily vor und war nicht überrascht, sie draußen warten und telefonieren zu sehen. Ich wusste sofort, dass sie mit meiner Schwester sprach. Es war das Grinsen. Ein Teil von mir fragte sich, was Abbie ihr erzählt hatte, aber der lautere Teil wollte es gar nicht wissen.

»Du siehst wunderschön aus.« Ich glaube, die Worte, die aus ihrem Mund kamen, überraschten sie selbst noch mehr als mich. Röte breitete sich über ihrem Gesicht aus, als wäre sie sehr schnell mit der Airbrushpistole bearbeitet worden. »Ich meine, ähm … Ich sehe dich immer nur in Arbeitsklamotten.«

Nein, das tat sie nicht – und sie wusste es auch, der Röte in ihrem Gesicht nach zu urteilen. Ich grinste, sagte jedoch nichts zu ihrem Kompliment. Die Tür ging auf und sie glitt auf den Sitz, wobei der Duft ihres Parfüms meine Sinne ausfüllte. Sie roch so gut. Sie roch immer gut, aber heute war ihr Duft noch berauschender.

Ich beobachtete, wie sie mit ihrem Sitzgurt fummelte und versuchte, ihn einrasten zu lassen. Wie ihre starken, schlanken Finger die Schnalle ertasteten.

»Warte, ich helfe dir.« *Klick.* Nicht nur der Sitzgurt, auch etwas anderes rastete ein.

Es war, als würde die Zeit wieder langsamer laufen, als mein Blick von ihren Händen über ihre Handgelenke, ihren Arm, ihre Brust und zu ihrem Hals wanderte. Ich sah, wie sie hastig schluckte, und wünschte, ich könnte auch schlucken. Mein Blick klebte an ihren weichen, roten Lippen, die leicht geöffnet waren, beinahe erwartungsvoll. Ihre braunen Augen schienen bodenlos und glänzten wie wirbelnde, geschmolzene Schokolade.

»So. Geschafft.« Es war die reinste Qual, mich von ihr loszureißen; ich spürte einen fast körperlichen Bruch. Ich packte das

Lenkrad fest, um das Beben in meinen Händen zu unterdrücken. Es schien, als hätte ich überhaupt keine Kontrolle über meinen Körper.

»Danke.«

Die restliche Fahrt über schwiegen wir uns an. Es gab so vieles, was ich ihr sagen wollte, aber nichts davon hatte mit Charlie oder der Arbeit zu tun, die ich in ihrem Garten tun würde. Ich wollte sie fragen, warum sie sich Michelles Untreue gefallen ließ, warum sie ihre Freundin Monate am Stück nicht sah, und warum – das war die große Frage – warum sie so verdammt viele Gefühle in mir auslöste. Aber ich schwieg und behielt meine egozentrischen Fragen für mich.

Als wir ankamen, wartete Lily draußen und tat so, als würde sie mit der Wand Ball spielen.

Sobald ich die Handbremse gezogen hatte, lief sie zu Emilys Seite und versuchte, die Autotür zu öffnen.

»Ich hab Tante Wellie gesagt, sie soll dich holen.«

Verdammt.

»Und Mami auch.«

Sonst noch etwas, Lily? Willst du auch mein Fluchen ausplaudern?

»Sie hat ein schlimmes Wort gesagt.«

Offensichtlich schon. Ich lachte auf, um Lilys Bemerkungen zu entkräften. »Kinder, richtig?« Doch das übertriebene Lachen ließ mich nur wie die Dorfidiotin wirken. »Ich habe kein schlimmes Wort gesagt, Lils.« Ich hatte ja mittendrin aufgehört und nicht mehr als »Fu« herausbekommen.

Emily drehte sich zu mir und flüchtige Enttäuschung huschte über ihr Gesicht.

»Ich fluche nicht vor Kindern. Ehrlich.« Vielleicht hätte ich die Finger kreuzen sollen.

Ein kleines Lächeln trat auf Emilys Gesicht. »Ich glaube dir.«

Tausende andere hätten das nicht getan, mich eingeschlossen. Wenn sie mir also glaubte, warum hatte sie immer noch diese enttäuschte Miene aufgesetzt? Manchmal habe ich wirklich ein Brett vor dem Kopf.

Der Abend verlief besser als ich erwartet hatte. Glücklicherweise hatte Abbie noch andere Leute eingeladen, sodass es nicht nur wie eine List aussah, um mich mit Emily zusammenzubringen. Ein weiterer Bonus war, dass es keine Spur von Cherie gab. Ein Erfolg! Und ebenso überraschend war, dass Abbie nicht versuchte, mich zu verkuppeln – obwohl ich es den ganzen Abend lang erwartete und mich dabei ertappte, wie ich alles analysierte, was sie sagte oder tat.

Was Lily betraf – sie war ganz vernarrt in Emily und ich glaube, Emily war auch etwas bezaubert von meiner Nichte. Es gibt nicht viele Leute, die einer Sechsjährigen so viele Aufmerksamkeit schenkten und sogar mit ihr Puppen spielten. Ich meine – Puppen! Wer spielt jetzt noch mit Puppen? Vor allem mit welchen, die darauf bestehen, Tee zu trinken und dabei Lieder von Justin Bieber, Jessie J und One Direction zu singen.

Ich muss zugeben, Emily schlug sich gut. Sie lächelte sogar, als meinte sie es ernst, als sie in ein Duett von *Never Say Never* gezogen wurde, vermischt mit *Price Tag*, um es origineller zu machen.

Aber wisst ihr was? An irgendeinem Punkt hoffte ich wirklich, dass Abbie uns zusammenbringen würde. Ich weiß. Ich weiß! Emily hatte eine Partnerin und ich würde nicht diejenige sein, die sie dazu brachte, »eine Michelle« abzuziehen. Ich wusste, dass ich nicht gut genug für einen Seitensprung war. Und dass sie eine Partnerin hatte, war nicht der einzige Grund. Ich wollte das nicht, wollte mich nicht einmischen, egal, ob Emily eine Frau hatte oder nicht.

Emily war attraktiv – nun ja, wunderschön, um ehrlich zu sein –, doch das bedeutete nicht, dass ich ihr aufgrund ihres Aussehens hinterhersteigen sollte. Das war oberflächlich. Und dass ich sie zufällig ab und zu betrachtete, bedeutete gar nichts. Es war die Art, wie sie lachte. Das Problem war, dass ihr Lachen zu mir herüberwehte und mich von meinem Gespräch mit Robs Kumpeln ablenkte. Es hatte nichts zu bedeuten, dass ich jedes Mal, wenn sie in meine Richtung sah oder mir ein Lächeln schenkte, helle Aufregung spürte.

Letztendlich beschloss ich, dass ich beim Aufräumen helfen würde. In der Küche vor der mit Töpfen vollgestopften Spüle zu stehen war genau das, was ich brauchte, um mich zu Vernunft zu bringen. Abbie und Rob erinnerten mich abwechselnd daran, dass ich ein Gast war und die Party verpasste. Versteht mich nicht falsch, ich verbrachte nicht meine ganze Zeit vor der Spüle. Ich driftete unwillkürlich zur Tür, um zu sehen, was im Gedränge los war. Ich merkte, wie ich ein gewisses braunes Augenpaar suchte, aber ich würde mir trotzdem nicht erlauben, einen anderen Weg als den der visuellen Anziehung zu beschreiten.

Es war halb eins, als die Party sich allmählich auflöste. Lily war schon im Bett, seit sie um zehn mit dem Gesicht voran auf das Sofa gefallen war. Ich war überrascht, dass sie überhaupt so lange durchgehalten hatte – ihre Kehle musste unter den vielen hellen Tönen bei ihren Gesangseinlagen gelitten haben.

Ich wusste, dass es an mir war, Emily nach Hause zu bringen, da ich sie abgeholt hatte, wenn auch widerwillig. Ich war ganz aufgeregt, da ich wusste, dass wir dann zu zweit sein würden. Allein. Im Fahrerhaus meines Pick-ups. Genau. Ohne andere Leute, in der Dunkelheit und wohligen Stille. Ein nervöses Kribbeln überkam mich, wie inzwischen immer, wenn ich daran dachte, mit Emily Carson allein zu sein.

»Hattest du einen guten Abend?« Zivilisiert und angemessen höflich, meint ihr nicht?

Emily stieß ein leises Lachen aus, gefolgt von einem langen Seufzen. »Ist deine Nichte immer so musikalisch?«

Jetzt war ich mit Kichern an der Reihe und schüttelte den Kopf.

»Ich meine … Bieber, Jessie und … Wer zum Teufel ist One Direction?«

Ich lachte laut amüsiert.

»Ich fühle mich auf eine absurde Art missbraucht«, sagte sie mit Humor in der Stimme und mir wurde ganz warm.

»Wen kümmert es, wer sie sind?« Ich spürte beinahe, wie ihr leises Lachen meine Haut berührte.

Die restliche Fahrt war still, nur erfüllt vom Motorengeräusch des Pick-ups und den Reifen auf der Straße, aber es war nicht unangenehm. Es war sicher, warm, kameradschaftlich. Wir mussten nicht reden; es war perfekt so, wie es war.

Als ich vor Emilys Haus fuhr, spürte ich ihre Abwesenheit, schon bevor sie aus dem Auto stieg. Auf eine verdrehte Art wollte ich, dass sie einfach so schnell wie möglich ging; wie wenn man ein Pflaster abreißt, um den Schmerz hinter sich zu bringen. Trotzdem wusste ich, dass ich den gnadenlosen Stich spüren würde, sobald sie meine Autotür zuknallte.

Das Licht im Fahrerhaus sprang an, als sie die Tür öffnete. In meinen gedanklichen Ausschweifungen hatte ich verpasst, wie sie den Sitzgurt gelöst hatte. Und ich hatte keine Ahnung, warum ich so etwas Unwichtiges wie das Lösen eines Sitzgurtes wichtig fand.

»Danke, Ellie. Ähm … Ich hatte eine wundervolle Zeit.«

Ich grinste dümmlich.

»Wow. Ich wusste nicht, dass es schon so spät ist«, sagte sie in die Stille hinein.

Ich wusste, was sie als Nächstes sagen würde. Etwas wie: »Du hast mich zu lange aufgehalten. Gute Nacht.«

»Es hat wohl keinen Sinn zu fragen … Nein, es ist schon nach eins«, sagte sie.

Was zu fragen? Offensichtlich nicht nach der Uhrzeit, da sie die genau zu kennen schien. »Was?«

Emily schüttelte den Kopf. »Nichts. Schon gut.«

Es nagt an mir, wenn Leute so etwas tun. Ihr wisst schon, wenn sie etwas sagen wollen oder denken und es schon halb aussprechen, dann aber doch nicht mit der Sprache rausrücken. »Es kann nicht nichts sein, wenn du es gerade sagen wolltest. Was?«

»Ähm … es ist spät.«

»Es ist spät? Das wolltest du sagen? Klingt nicht gerade nach einer Fr–«

»WürdestdugernaufeinenKaffeereinkommen?«

Ein aufgeregter Schmetterling flatterte in meine Kehle hinauf, als ich den Motor abstellte. Es machte sie nervös, mich auf einen Kaffee einzuladen. Kaffee. Das stimulierende Heißgetränk, das eine Person als Vorwand nahm, um eine zweite Person in ihr Haus zu locken. Was war mit meinem Vorsatz passiert, sie nicht eine Michelle abziehen zu lassen?

Scheiße. Michelle. Ich spürte, wie der Schmetterling taumelte und verwelkte, bevor er über seine flatternden Flügel stolperte. Emily war mit einer anderen zusammen, also spielte es gar keine Rolle, ob ich sie begehrenswert fand oder nicht. Wenn ich Emily richtig einschätzte, bot sie wirklich nur Kaffee an. Und weil ich mich kannte, war ich halb enttäuscht, halb erleichtert.

Während sie mit ihrem Schlüssel herumfummelte, stand ich immer wieder grinsend hinter ihr. Ich freute mich darauf, hineinzugehen, und freute mich, dass es nur ein freundschaftlicher Schlummertrunk war, aber … Das war nicht der Grund für mein dauerhaftes Grinsen. Ich gab mein Bestes, mir einzureden, dass ich mit einem Kaffee zufrieden war. Doch eigentlich war ich am Boden zerstört.

»Kommst du rein oder willst du, dass ich dir den Kaffee herausbringe?«

»Nein … ja. Ich komme rein.«

Sie grinste mich an und ich sah das Funkeln in ihren Augen, obwohl es dunkel war. Emily führte mich durch das Haus in einen Raum im hinteren Bereich. Dort standen ein Sofa, ein kleiner Tisch und nicht viel mehr. Der Raum war etwa dreißig Sekunden lang hell beleuchtet, bevor Emily eine Stehlampe ein- und das Deckenlicht ausschaltete.

»Bin gleich wieder da.«

Dann war sie weg und ließ mich verschreckt neben dem Sofa stehend zurück, als hätte ich Angst, es würde mich verschlingen, wenn ich es wagte, mich darauf niederzulassen.

»Komm schon, Anderson«, flüsterte ich mir zu. »Es ist Kaffee. Nur Kaffee. Sie hat eine Freundin.« Ich setzte mich vorsichtig auf das Sofa und lehnte mich zurück, sobald mein Hinterteil das Kissen berührte.

Emily lugte zur Tür herein. »Hättest du gerne etwas Stärkeres? Wein? Bier?«

Aber es sollte doch Kaffee sein. Das war definitiv eine Änderung der Spielregeln und ich war nicht gerade gut darin zu schätzen, was ich tun sollte, wenn jemand die Torpfosten verrückte.

»Lieber nicht. Ich muss noch fahren.« Nicht schlecht. Hätte eleganter sein können, aber es zeigte, dass ich gute Sitten und Werte vertrat.

Emily neigte den Kopf zur Seite und ihre Oberlippe verschwand zwischen ihren Zähnen, als sie nachdenklich darauf herumkaute. Als sie wieder zum Vorschein kam, war sie feucht und glänzte. »Du könntest über Nacht bleiben.«

Bleiben? In Emily Carsons Haus bleiben, nachdem ich Alkohol getrunken hatte? In Emily Carsons Haus bleiben, nachdem ich Alkohol getrunken und erkannt hatte, dass ich mich sehr zu ihr hingezogen fühlte? Das war der Selbstmord unserer Freundschaft.

»Vergiss es. War nur so eine Idee.« Sie grinste. »Also Kaffee.«

»Wein.« *Was?* »Bitte.«

Das Grinsen, das sie zuvor gezeigt hatte, verblasste im Vergleich zu dem, das sie mir in diesem Moment schenkte, und ich wusste, ich hatte die richtige Entscheidung getroffen.

Schade, dass ich mich nicht so fühlte, als sie in die Küche zurückgegangen war. Was zum Teufel tat ich da? Es war offensichtlich, dass ich nicht gerade trinkfest war – denkt nur an Silvester. Was war mit meinem Vorsatz passiert, nie wieder zu trinken? Mit Cherie hatte ich mich wenigstens beherrscht, keine Menge Alkohol hätte mich dazu bringen können, etwas mit ihr anzufangen. Was mir im Moment die größten Sorgen bereitete, war das Wissen, dass ich gar nicht unter dem Einfluss des Dämonentrunks stehen musste, um fröhlich in Emilys Bett zu hüpfen.

Michelle. Die Partnerin. Ich musste mich darauf konzentrieren, dann würde alles in Ordnung sein. Ich war nicht der Typ für einen One-Night-Stand mit einer Frau, die mit jemand anderem zusammen war, egal, wie seltsam ich ihre Beziehung fand.

Klink. Ich wusste, dass sie mit den Gläsern auf dem Weg zurück zu diesem Zimmer war. Also rutschte ich wie eine Dreizehnjährige auf ihrem ersten Date in die hinterste Ecke des Sofas und wartete.

»Ist Rotwein okay?«

Ich nickte und lächelte scheu. Entweder ich entwickelte mich wirklich zurück zum Teenager oder ich bereute meine spontane Reaktion bereits.

»Hier, bitte.«

Ich hatte vorgehabt, nur daran zu nippen, aber mein Mund hatte andere Pläne. Bevor Emily sich gesetzt hatte, war mein Glas schon halb geleert.

Im Raum war es so ruhig, dass ich sogar eine tickende Uhr begrüßt hätte, um die Stille zu brechen.

»Also …«

Als Emily sprach, zuckte ich zusammen. Jeder, der durch das Fenster zugesehen hätte, hätte gedacht, dass ich vor einer berüchtigten Mörderin saß statt vor einer wundervollen, sanften Frau. Aber wenn ich so darüber nachdachte, sollte mich eher der Gedanke an vermeintliche Zuschauer beunruhigen.

»Erzähl mir mehr von dir. Was tust du gerne?«

Wann?

»Gehst du viel aus? Irgendwelche Hobbys?«

Hä? Warum fielen mir partout keine Antworten ein?

Emily wandte sich ihrem Glas zu und schwenkte die dunkelrote Flüssigkeit. Sie wirkte nachdenklich.

Ich konnte nicht anders, als ihr Profil anzustarren: die gerade Nase, die vollen, roten Lippen – und die Röte kam nicht vom Wein – die langen, dunklen Wimpern … diese dunkelbraunen Augen, die direkt in meine blickten.

»Irgendein besonderer Mensch in deinem Leben?«

Hoffentlich du.

Nein.

Michelle.

»Ich wette, sie stehen Schlange vor deiner Tür.« Sie lachte kurz auf und trank dann schnell einen Schluck Wein.

»Wofür sollen sie Schlange stehen?«

Der Wein spritzte von Emilys Mund mit einem *Pffffft* in die Luft, gefolgt von Husten.

Ich lehnte mich vor und klopfte ihr auf den Rücken. Dann noch einmal. Dann zur Sicherheit noch einmal.

»Dafür, mit dir auszugehen. Die Frauen. Ich wette, du musst sie mit Gewalt abwehren.«

»Ich? Frauen, die Schlange stehen?« Schön wär's. Ich konnte mich nicht erinnern, wann zum letzten Mal jemand Interesse an mir gezeigt hatte, Cherie ausgenommen.

»Ja. Du.« Emily lächelte mich vorsichtig an, bevor sie das Gesicht abwandte und wieder in ihren Wein starrte.

Weniger als zehn Sekunden mussten vergangen sein, bevor ich antwortete, aber es kam mir vor wie eine halbe Ewigkeit. Wenn es eine tickende Uhr gegeben hätte, hätte ich wenigstens einen Maßstab gehabt. »Nein. Da sind keine Schlangen, nichts abzuwehren und keine Partnerinnen. Und«, ich trank den letzten Rest meines Weins, »kein Wein mehr in diesem Glas.«

Emily lachte, sprang auf die Füße und nahm mir das Glas aus der ausgestreckten Hand. »Euer Wunsch ist mir Befehl, Herrin.«

In meinen Träumen. Während sie weg war, überlegte ich, warum sie mich gefragt hatte, ob ich eine Partnerin hatte. War das einfach etwas, das Leute taten? Ich war so ahnungslos, was soziales Verhalten betraf, dass ich nicht mehr wusste, was üblich war.

Mit Abbie war es etwas Anderes. Sie wusste ohnehin alles über mein Leben. Tatsächlich wusste sie mehr darüber als ich selbst. Nicht, dass es ein Vollzeitjob wäre, sich über meine langweilige Existenz auf dem Laufenden zu halten. Wenige Sekunden der Beobachtung pro Tag wären mehr als ausreichend.

»Hier.«

Mein Weinglas schwebte vor mir und ich starrte die Flüssigkeit an, die darin schwappte. Ich richtete meine Aufmerksamkeit auf die schlanken Finger, die das Glas hielten, und stellte mir vor, wie sie mein Gesicht streichelten.

»Hier.«

Oder wie der Daumen vielleicht zärtlich über meine Lippen strich und sie mit dem Versprechen von etwas anderem lockte, etwas, das viel befriedigender wäre.

»Ellie?«

Nicht, dass es zu irgendetwas führen würde. Ich würde sie aufhalten und daran erinnern müssen, dass sie bereits mit jemand anderem zusammen war.

»Geht's dir gut?«

Schwupp. Mit einem Ruck kehrte ich in die Gegenwart zurück. »Ähm. Ja. Entschuldige.« Ich lachte – oder kicherte eher, wie ein Teenager auf Helium. Dann nahm ich das Glas endlich aus Emilys Hand entgegen. »Ich war nur kurz in Gedanken versunken.«

»Und welche Gedanken waren das?«

Ich ließ wieder mein Helium-Gekicher hören, bevor ich an dem Wein nippte und anerkennend nickte. »Gut. Lieblich.« Anders als mein schwacher Versuch, das Thema zu wechseln.

Emily setzte sich neben mich und lehnte sich vor, den Blick auf ihren Wein gesenkt. Wieder schwiegen wir. Vielleicht war es doch keine gute Idee gewesen, dass ich für einen Kaffee mit

Weingeschmack hereingekommen war. Diesmal war es an mir, das Gespräch wiederzubeleben.

»Was hast du für das Haus geplant?« Typisch für mich, die Arbeit anzusprechen, obwohl ich sie eigentlich mit meinem Charme von den Socken hauen sollte. »Behältst du es oder verkaufst du es, wenn es fertig ist?«

Ein Seufzer entkam aus ihrem Mund, gefolgt von einem kleinen Lächeln. »Ich behalte es.«

Erst da fiel mir ein, dass ich das bereits wusste. Konnte ich es noch gründlicher vermasseln? »Oh, stimmt. Jetzt weiß ich es wieder.« Tatsächlich war es nicht gerade klug, zuzugeben, dass ich vergessen hatte, dass sie sich niederlassen, einen schönen Garten für Charlie und eine Zuflucht für sich selbst haben wollte. Es bewies, dass ich eine Idiotin war. Zeit für Plan B.

»Also. Wie lange bist du schon mit Michelle zusammen?«

Emilys Kopf ruckte zu mir herum, ihre braunen Augen waren überrascht geweitet.

Hatte sie nicht erwartet, dass ich sie auf ihre Partnerin ansprechen würde?

»Ich mit Michelle?«

Und mit wem auch immer sie sonst noch ihr Leben verbrachte, ja.

Ein kurzes, heftiges Lachen. »Michelle?«

Warum war sie so … so … komisch?

»Michelle? Du meinst die Michelle von heute Morgen?«, brachte sie weiterhin lachend hervor.

Mein Kopf wippte heftig auf und ab; ich traute meiner Stimme nicht.

»Michelle, meine beste Freundin von der Uni? Die mit Tania zusammen ist?« Jetzt warf sie den Kopf in den Nacken und lachte laut heraus.

Was zur Hölle? Es war doch nur eine Frage. Eine kurze Antwort wie »drei Jahre« oder so hätte gereicht.

»Du glaubst, ich bin mit Michelle zusammen?«

Nun ja, nicht in diesem Augenblick, aber so, wie Michelle am Morgen geredet hatte … Moment mal. Was genau hatte sie gesagt, das mich auf den Gedanken gebracht hatte, dass sie tatsächlich Emilys Partnerin war? Sie hatte gesagt, dass Emily nicht mehr so ausdauernd war wie früher. Ich hatte wie üblich zu viel in Michelles Verwendung des Worts *Freundin* hineininterpretiert. »Ähm. Ja?«

»Michelle ist mit Tania zusammen. Seit über einem Jahr.«

Aber …

Emily lehnte sich betont langsam vor und stellte ihr Weinglas auf den Boden, bevor sie sich mir zuwandte. Sie fing meinen Blick mit ihren braunen Augen ein, als sie die Lippen schürzte. »Ich bin Single, Ellie.«

Single. Sin-gle. Also mit niemandem zusammen. Eine freie Frau. Zu haben. Moment mal. Das klang einfach nur falsch. Besser, ich nannte es verfügbar. Oder sollte ich meinen Gedanken laut aussprachen und fragen: »Verfügbar?«

Es war die Art, wie sie mich ansah, wie ihre schokoladebraunen Augen sich von ernst in nahezu schmelzend verwandelten, die mich beinahe ruinierte. Ich wollte mich vorlehnen und ihre Lippen mit meinen necken und ihr sagen, wie wunderschön sie war. Aber ich konnte mich nicht bewegen.

Die Zeit schien stillzustehen. Die Luft war die einzige Barriere zwischen uns. Ihr Gesicht kam meinem immer näher. Bewegte ich mich auf sie zu oder lehnte sie sich zu mir? Sie schloss die Augen, öffnete die Lippen und ihr Atem tanzte über meine Haut.

Mein Herz pochte so heftig, dass ich sicher war, dass sie hören konnte, wie es aus meiner Brust springen wollte. Mein Mund war plötzlich trocken. Ich leckte mir hastig die Lippen, als erwartete ich eine köstliche Mahlzeit.

Emilys Zunge glitt aus ihrem Mund und fuhr über ihre Unterlippe.

Sie würde mich küssen. Sie würde mich küssen. Sie. Würde. Mich. Küssen.

Ich wusste nicht, was in mich gefahren war, dass ich auf die Füße sprang und mehrere Schritte zurückstolperte, wobei ich Wein auf meine Jeans verschüttete. Da war etwas, von dem ich nicht gewusst hatte, dass es in mir war, etwas Vergessenes, das tief in meinem Inneren lauerte. Ich erkannte, dass es Angst war. Ich wusste, wenn sie mich jetzt küsste, wäre ich völlig verloren, komplett in ihrem Bann. Ich konnte es nicht, konnte ihr einfach nicht noch mehr Macht über mich eingestehen. Dieses Risiko konnte ich nicht eingehen.

»Das Badezimmer?«

Emily verharrte noch immer an der Stelle, wo ich einen Moment zuvor gewesen war. Es war offensichtlich, dass sie nach vorne gefallen war, als ich meinen feigen Rückzug angetreten hatte. Ich konnte die Röte auf ihren Wangen sehen, aber sie mied meinen Blick.

»Im ersten Stock, die zweite Tür rechts.«

Ich nickte und eilte in Richtung Treppe davon, wobei ich mein Weinglas mitnahm.

Ich schloss die Badezimmertür und sank schwer dagegen. Was tat ich da nur? Warum war ich weggelaufen? Ich wollte sie verzweifelt küssen. Auch jetzt noch. Warum konnte ich mich nicht einfach auf sie einlassen? Sie war nicht meine Eltern, und auch nicht Toby, war nicht wie all die anderen Leute in meinem Leben, die nicht geblieben waren. Und es war nicht Tobys Schuld gewesen.

Das war Emily, die Frau, in die ich mich verliebte. Fuck. Verliebte. Es war nicht Liebe, noch nicht. Es konnte nicht Liebe sein; ich mochte sie nur richtig gerne. Ich litt unter Lampenfieber, das war alles.

Ich bemerkte, dass ich das Glas Rotwein noch in der Hand hatte. Mit einem schnellen Schluck leerte ich es. Die Hitze des Alkohols durchströmte mich, flößte mir Mut ein und entzündete das Blut in meinen Adern. Wenige Augenblicke später war ich zurück im Wohnzimmer.

Emily saß noch immer auf dem Sofa, stand aber auf, als ich eintrat.

Ich dachte nicht nach, ließ nicht zu, dass sich irgendetwas anderes zwischen mich und diesen Moment drängte. Ich gab ihr auch keine Gelegenheit, zurückzuweichen, sich zu entschuldigen, irgendetwas anderes zu tun als an mich gezogen zu werden. Ich zog sie an mich und küsste sie.

Anfangs waren ihre Lippen starr vor Überraschung. Meine Hand glitt in ihren Nacken und zog ihr Gesicht herab und ich verlor mich in ihrem weichen Mund. Es begann sanft, aber als ihre Lippen stärker auf meine drückten, verschwand die Welt um uns herum und es waren nur noch Emily und ich. Gerade als ich den Drang verspürte, sie endgültig zu verschlingen, berührte sie vorsichtig meine Lippen mit der Zunge und ich öffnete den Mund, um sie einzulassen.

Von ihr geküsst zu werden … von Emily Carson geküsst zu werden war alles, was ich mir erträumt hatte, und mehr. Ihre Hände strichen meinen Rücken hinab und ich spürte jede Kurve, die sie dabei erkundeten. Ihre Hitze verschmolz mit meiner und es fühlte sich an, als würde ich in Flammen stehen.

Es brauchte nicht viel, um sie auf das Sofa zu drücken, und keine große Mühe, mich auf sie zu schieben. Ich verschwendete keinen Herzschlag, als ich eine perfekte Brust in die Hand nahm und sanft drückte. Ihr Stöhnen ließ jegliche Feuchtigkeit in meinem Körper an eine Stelle strömen, die sehr lange geschlummert hatte. Ich schob ihre Schenkel auseinander und rückte dazwischen.

Sie legte die Beine um mich und drückte mich tiefer.

Ich musste einfach ihre Haut spüren, wollte mich nackt an sie schmiegen. Musste die perfekte Verbindung eingehen, sie komplett für mich beanspruchen, sie in mich aufnehmen und verschlingen. Meine Hüften rieben sich an ihrem Schritt, meine Jeans presste hart gegen die Stelle, an der ich ihre Berührung wollte.

Ich ließ ihre Brust los und schob die Finger unter ihre Bluse. Kühle und doch fiebrige Haut lag darunter und ich strich hoch, um durch den BH ihre Brust zu berühren. Eine steife Brustwarze drückte gegen meine Handfläche und ich rieb, genoss das Gefühl in der Hand.

»Gott, Ellie. Ja!« Sie klang verführerisch, berauschend.

Meine Lippen fanden ihren Hals und saugten, während meine Hand ihren BH zur Seite schob. Ich betastete ihre Brust, die vorzüglich weich war und … Ich wollte sie kosten. Wollte mit den Lippen darüberstreichen und sie in Besitz nehmen, mich selbst darin verlieren.

Als ich mich zurücklehnte, spürte ich die Kälte unserer Trennung.

Braune Augen flatterten auf, blickten mich verschleiert vor Lust und flehend an. Ihre Hand fand meinen Hintern und versuchte, mich wieder auf sie zu schieben, aber ich wollte mehr, musste mehr von ihr spüren.

Ohne Vorwarnung riss ich ihre Bluse auf, sodass die Knöpfe in alle Richtungen davonrollten. Der schwarze BH hing schief, eine Brust war entblößt und wartete förmlich auf meinen Mund. Sie musste nicht lange warten. Das Gefühl, der Geschmack, ihre Reaktionen, während ich sie kostete, ließen mich beinahe kommen. Aber ich wollte das ganze Paket. Emilys Hände glitten unter mein

Oberteil und meinen Rücken hinauf, schickten elektrische Wellen über meine Haut. Meine Hüften zuckten unter der Empfindung. Emily stöhnte, ein langer, tiefer Laut, bei dem ich noch härter gegen sie stieß. Ihre Lippen trafen auf meine und das Tempo unseres Tanzes beschleunigte sich. Ich spürte, wie die Lust sich in mir aufbaute, spürte das brennende Verlangen, sie zu nehmen, die Finger in sie zu tauchen und uns zu vereinen.

Ohne ihre Brust loszulassen, kämpfte ich mit dem Knopf ihrer Jeans. *Plop.* Der Knopf war weg und der Reißverschluss gab unter meiner Hand sofort nach. Ich bewegte mich, damit meine Finger in ihren Slip gleiten konnten, konnte sie aber noch nicht erreichen. Ihre Hitze, ihre Feuchtigkeit ließen mich an ihrer Brust stöhnen.

»Emily. Bitte.«

Ich wusste nicht, worum ich bat. Vielleicht dachte ich, ihre Unterwäsche würde wie durch ein Wunder verschwinden, zusammen mit der Jeans, die meine Hand einklemmte. Ich rieb über ihren Spalt und ihre Hüften zuckten, während ihre Fingernägel sich leicht in meinen Rücken gruben. Sie so offen, so nah, so feucht und bereit zu haben, ohne sie nehmen zu können – das war reine Folter.

Ich gab meinen Griff an ihrem Hintern auf, um mit der Hand an ihrer Jeans zu zerren. Anfangs versuchte Emily, mir zu helfen, aber dann hörte sie auf. Ich brauchte ein paar Sekunden, um zu erkennen, dass mein Verlangen nach Vollzug nicht erwidert wurde, hob den Kopf von ihrer Brust und sah sie an. Sie war nicht wütend, wirkte nur seltsam traurig. Warum wirkte sie traurig? Wollte sie das nicht ebenso sehr wie ich? Hatte sie nicht Ja gesagt? Gott gerufen? Sich an mir gerieben, ebenso wie ich mich an ihr gerieben hatte?

Ich öffnete den Mund, um sie zu fragen, aber sie schüttelte nur den Kopf. Aber sie war doch so feucht, so bereit! Ich wusste, dass sie mich genauso leidenschaftlich gewollt hatte wie ich sie. Ich spürte ihr Verlangen immer noch unter meinen Fingerspitzen. Ich zog die Hand aus ihrer Jeans und setzte mich zurück, bevor ich von ihr kletterte. Es war Zeit zu gehen. Höchste Zeit, wie es aussah.

»Ellie. Bitte.«

Ich fühlte mich dumm. So verdammt dumm. Warum hatte ich beschlossen, den Stier bei den Hörnern zu packen und den Moment zu nutzen?

»Gute Nacht, Emily.«

»Ellie. Geh nicht. Bleib. Bitte.«

Damit du mich wieder verführen kannst?

Als meine Hand die Türklinke ergriff, legte sie ihre darüber. Ich starrte auf ihre Finger – ihre langen, schlanken Finger.

»Du kannst nicht gehen.«

Ich drehte den Kopf und sah ihr in die Augen. Sie waren so dunkel, dass die schwarzen Pupillen das Braun fast verschluckten. »Warum nicht, Emily? Hast du nicht genug mit mir gespielt?«, brachte ich heraus.

Ihre Lippe bebte, ihre Augen fielen flatternd zu und öffneten sich wieder. »Du verstehst nicht. Ich muss—«

»Ich verstehe sehr gut«, knurrte ich und packte die Türklinke.

»Du hast getrunken. Du kannst nicht betrunken Auto fahren.«

Ich wusste nicht, was mehr wehtat – wie sie mich verführt hatte oder der Grund, aus dem sie wollte, dass ich nicht ging. So oder so tat es weh.

»Hör mal, es tut mir leid. Ich hatte nicht vor, das so eskalieren zu lassen. Ich mag dich sehr, Ellie.«

Ich hörte das Schluchzen, als ihre Stimme brach, und spürte, wie meine Wut verrauchte.

»Ich will nur nicht irgendeine Frau sein, mit der du einen One-Night-Stand hast.« Ihre Hand verschwand von meiner, als wollte sie mir die Möglichkeit geben, mich zu entscheiden.

105

Irgendeine Frau? Ich konnte mich kaum erinnern, wann ich zum letzten Mal eine Frau gehabt hatte, geschweige denn mehrere One-Night-Stands. Das war nicht mein Stil. Ich ließ die Hand sinken.

»Komm. Ich zeige dir dein Zimmer.« Sie streckte die Hand aus.

Ich wollte sie schon ergreifen, hielt aber dann inne. Stattdessen nickte ich nur.

Wir sprachen nur das Nötigste – wo das Schlafzimmer war, eine Zahnbürste, ein T-Shirt zum Schlafen, dann war ich allein und lag im Dunkeln im Gästezimmer der Frau, die ich fast auf dem Sofa genommen hatte. Zu sagen, dass mir Schlafen schwer fiel, war noch untertrieben.

Um halb sieben war ich angezogen auf den Beinen und hoffte, mich hinausschleichen zu können, ohne Emily zu sehen. Allerdings saß sie bereits am Küchentisch, als ich herunterkam. Sobald ich den Raum betrat, sprang sie auf und fragte, ob ich Frühstück oder Kaffee wollte, irgendetwas.

Ich lächelte und lehnte höflich ab. Ich wollte einfach nur verschwinden und in die Sicherheit meines traurigen, kleinen Lebens zurückkehren. Diese Situation war so verkorkst. Vor dem Debakel auf dem Sofa waren wir auf dem bestem Weg zu einer guten, soliden Freundschaft gewesen. Ich sollte für sie arbeiten, aber wie konnte ich das jetzt tun? Und Charlie? Was war mit meinem kleinen Jungen? Wir steckten da gemeinsam drin und mit meiner Unfähigkeit, meinem Verlangen für sie zu widerstehen, hatte ich auch die Sache mit ihm gefährdet.

»Ich fahre besser gleich zurück. Ich hab zu tun.« Ich ging zur Tür. Fast hatte ich sie erreicht, da erhob sie wieder die Stimme.

»Elf Uhr, okay?«

Scheiße. Ich würde einfach allein fahren.

»Der Besuch bei Charlie?«, fügte sie zur Erklärung hinzu.

Ich presste die Lippen aufeinander und biss die Zähne zusammen, bevor ich mich bereit fühlte, mich zu ihr umzudrehen.

Ihr Gesicht war offen, erwartungsvoll.

Ich musste für Charlie über meine Verlegenheit hinwegkommen. Ich wollte nicht, dass er meiner mangelnden Selbstbeherrschung zum Opfer fiel. »Klar. Ich hole dich ab.« Ich öffnete die Tür und drehte mich noch einmal zu ihr um. »Danke für das Bett.« Und dann ging ich.

Kapitel 6

Als ich nach Hause kam, tat ich Dinge, die jeder nach einer auswärts verbrachten Nacht tat, wie etwa Duschen. Umziehen. Und während ich diese normalen Dinge tat, dachte ich über mein Verhalten bei Emily nach. Hatte ich mir unsere gegenseitige Anziehung nur eingebildet? Hatte ich zu sehr gedrängt, zu stark die Führung übernommen, Befriedigung von einer Frau erwartet, die nicht auf diese Art an mir interessiert war? Nein. Emily hatte mich ebenso sehr gewollt wie ich sie, da war ich mir sicher. Was am meisten an mir nagte, war ihre Aussage, dass sie nicht irgendein One-Night-Stand sein wollte. Was um alles in der Welt hatte sie damit gemeint? Ich hüpfte nicht von einem Bett ins andere. Hatte ich nie getan. Wie hatte sie diesen Eindruck bekommen?

Ich kramte in meiner Jackentasche und zog mein Handy heraus. Sollte ich anrufen und sie fragen? Ja, sicher. Der Plan flog zum Fenster hinaus, denn das konnte ich auf keinen Fall tun. Und Abbie? Scheiße, nein. Dann müsste ich ja zugeben, dass ich mit Lilys neuer bester Freundin intim geworden war – oder es zumindest versucht hatte.

Ich steckte das Handy wieder in die Tasche und ging zu meinem Pick-up hinaus. Es war halb elf und ich musste Emily abholen, um Charlie zu besuchen. Es würde zweifellos ein interessanter Tag werden.

Sie wartete am Tor, als ich vorfuhr. Ihr Gesicht sah blass aus und das Lächeln, das sie mir schenkte, war zögerlich. Ich würde gerne sagen, dass ich keinerlei körperliche Anziehung zu ihr verspürte, aber das wäre gelogen. Ich spürte mehr als körperliche Anziehung zu ihr; deshalb war die Situation ja so schwierig.

»Hey. Du bist früh dran«, sagte Emily.

Ich wollte unseren Witz wiederholen, dass sie trotzdem schon auf mich wartete, stattdessen lächelte ich und klopfte auf den Sitz neben mir.

Die Fahrt verlief bis auf wenige Worte still. Als wir ankamen, wartete Charlie auf uns, trommelte mit dem Schwanz auf den Boden und hatte seinen Ball im Maul. Er winselte und ich fühlte mich zum ersten Mal an diesem Tag glücklich.

»Na, hallo, Kumpel.«

Mehr Winseln und Schwanztrommeln.

Emily hockte sich neben mich und kraulte Charlie an den Ohren. Er schmolz unter ihren Händen geradezu dahin. Sie lachte und sah dann strahlend zu mir zurück. »Scheinbar freut sich hier jemand, uns zu sehen.«

Ich nickte.

»Sollen wir ihn heute von der Leine lassen?«

Mein Grinsen verblasste. Noch mehr Risiko? Seht euch nur an, was gestern Abend passiert war, als ich beschlossen hatte, ein Wagnis einzugehen.

Als hätte Emily meine Gedanken gelesen, legte sie die Hand auf mein Knie und sagte: »Früher oder später müssen wir es versuchen, Ellie. Es kann genauso gut jetzt sein.«

Redete sie von Charlie oder von mir und ihr?

»Er ist ein guter Junge und er liebt uns. Er wird kommen, wenn wir ihn rufen, versprochen.«

Wenn ich ehrlich war, wollte ich es nicht tun. Ich kannte ihn erst seit zehn Tagen und glaubte nicht, dass er so bereitwillig auf mich reagieren würde, wie er meiner Meinung nach sollte. Wenn ich so darüber nachdachte, bedeutete das, dass ich auch Emily erst seit zehn Tagen kannte. Warum fühlte es sich also an, als kannte ich sie bereits mein ganzes Leben?

»Okay.«

»Okay?«

»Okay. Geben wir ihm eine Chance.« Ich beobachtete, wie Emilys Gesicht sich von strahlend zu aufrichtig begeistert wandelte. »Aber …«, ich packte ihre Hand und zog sie zu mir, »nur kurz.«

»Klingt gut.«

Dann tat sie etwas, von dem ich nicht gedacht hatte, dass sie es je wieder tun würde. Sie zog mich an sich und umarmte mich fest. Ich spürte einen leichten Kuss auf der Wange und dann kühle Luft, als sie zurückwich und die Tür zu Charlies Zwinger öffnete. Ich kann mich nicht mehr erinnern, was in den nächsten Minuten geschah.

Charlie war perfekt. Absolut perfekt. Er jagte seinem Ball hinterher und brachte ihn zurück. Er sah ein Eichhörnchen und ignorierte es, denn er war zu sehr damit beschäftigt, uns zu zeigen, was für ein niedlicher, gut erzogener kleiner Mann er war. Er trabte zwischen Emily und mir dahin, als versuchte er, seine Zuneigung gleichmäßig aufzuteilen. Statt ihn »nur kurz« von der Leine zu lassen, blieb er für den Großteil des Spaziergangs leinenlos.

Jedes Mal, wenn ich sie wieder befestigen wollte, sagte Emily: »Nur noch ein wenig länger.«

Und ich sah mich zwei braunen Augenpaaren gegenüber, die mich flehend ansahen. Beiden konnte ich nicht widerstehen.

Zurück im Hundeheim verspürte ich das vertraute Ziehen in der Brust, als ich mich von Charlie verabschieden musste. Meine Kehle zog sich zusammen und ich wusste, dass ich gleich heulen würde. Ich hasste es, ihn hier zu lassen, hasste es, wie er in seinen Zwinger trippelte und sich dann hinsetzte und uns so liebevoll ansah. Wie konnte er verstehen, dass es nicht unsere Entscheidung war, ihn zu verlassen? Wie konnte er wissen, dass ich ihn nach Hause mitnehmen wollte? Andererseits wollte Emily das auch.

Sobald ich mich im Auto angegurtet hatte, sagte Emily: »Wir müssen reden.«

Scheiße.

»Über gestern Abend.«

Doppelscheiße. Ich brummte und startete den Motor.

»Essen wir irgendwo zu Mittag und reden dort. Neutraler Boden.«

Ich brummte wieder, als ich die Handbremse löste.

Emily seufzte tief und zog die Handbremse wieder an. »Ellie. Wir müssen reinen Tisch machen.«

»Aus meiner Sicht ist er rein genug.« Ich löste die Handbremse, aber sie zog sie wieder an. Ich versuchte es erneut, aber sie legte die Hand auf meine. »Was?« Ich funkelte Emily an, die lediglich eine Augenbraue hochzog und eine ziemlich bedrohliche Miene aufsetzte. »Ich dachte, du wolltest zu Mittag essen. Wie können wir zum Mittagessen *kommen*, wenn du mich verdammt noch mal nicht fahren lässt?«

Ich weiß. Ich hätte nicht aufbrausen und nicht fluchen sollen, aber … es stimmte, was ich gesagt hatte, oder nicht?

Ich erwartete, dass sie verletzt dreinsah, ihr wisst schon, sich typisch mädchenhaft im Sitz zurücklehnte und ein Gesicht zog wie sieben Tage Regenwetter, aber nein.

Sie lehnte sich vor, bleckte die Zähne und ein Hauch Mordlust trat in die sonst so weichen, braunen Augen. »Na, dann fahr *verdammt noch mal* los.«

Sie sprach die Worte nicht normal aus, sie knurrte, und seltsamerweise schickte das ein Kribbeln über meine Wirbelsäule.

Sobald ich auf einem Parkplatz hielt, schoss sie aus dem Auto, knallte die Tür hinter sich zu und marschierte in den Pub davon.

Mit einem Schulterzucken zog ich die Handbremse und atmete tief durch, bevor ich ihr folgte. Ein Teil von mir freute sich nicht gerade auf dieses »wir müssen reden«, aber es würde tatsächlich nicht schaden, reinen Tisch zu machen – genauer gesagt, ein gutes altes Streitgespräch zu haben. Ein Schreiduell würde wenigstens einen Teil der aufgebauten sexuellen Spannung lösen, die ich noch von gestern Abend mit mir herumtrug.

Ich entdeckte Emily gleich, als ich eintrat. Sie hatte einen Platz in der Ecke beansprucht, abseits von neugierigen Blicken und hoffentlich auch feinen Ohren.

Anstatt gleich zu ihr zu gehen, trat ich an die Bar, bestellte Getränke für uns und nahm eine Karte, die mit dem *besten Fleischbüffet der Stadt* prahlte. Wie originell. Und wie gut, dass ich Emily weitere zwei Minuten gemieden hatte.

Ich drehte mich zu Emily um, die mich aus der Ferne finster anstarrte. »Willst du Fleischbüffet?«, formte ich mit den Lippen.

Ihr finsterer Blick änderte sich nicht. Ich interpretierte das als Zustimmung.

Ich hob einen Daumen, bevor ich beim Barkeeper, der aussah, als sollte er eher seine Hausaufgaben machen oder sein Facebook-Profil updaten, statt in der Bar zu arbeiten, zwei Fleischbüffets bestellte.

»So.« Ich knallte die Gläser und die Marken, die wir zeigen mussten, um unser Essen zu bekommen, auf den Tisch. »Willst du essen, bevor du mir den Kopf abreißt? Wir wollen ja nicht, dass du schon satt bist, nachdem du mir ein Ohr abgekaut hast.«

Emily öffnete den Mund, um etwas zu erwidern, aber dann schloss sie ihn wieder.

Ich setzte mich auf die Bank und rutschte neben sie.

»Es tut mir leid, Ellie.«

Was tat ihr leid? Dass sie mich in die Irre geführt hatte oder dass sie aggressiv geworden war?

»Es war nicht in Ordnung, was ich getan habe.«

Ich presste die Lippen aufeinander und nickte milde.

»Es ist nur … na ja, ich mag dich.«

Sie mochte mich? Gott allein wusste, wie sie sich verhalten würde, wenn sie mich liebte. Dann würde ich wahrscheinlich schon in der Notaufnahme sein oder mir die Radieschen von unten ansehen.

»Wenn du mich magst, warum ist dann das gestern Abend passiert?« Seht nur, wie ich gleich zum Punkt gekommen bin. Ich glaube, das war das allererste Mal.

»Eben *weil* ich dich mag.« Emily nahm ihr Getränk und trank einen großen Schluck.

»Dass du mich verführst, mich … du weißt schon was … machen lässt und mich dann behandelst, als wäre ich ein Fehler, den du gar nicht schnell genug loswerden kannst?« Ich fühlte mich beherrscht. Das geschah nicht oft und ich wollte die Erfahrung auskosten. Na ja, nicht wirklich. Eigentlich starb ich gerade tausend kleine Tode, so entblößt fühlte ich mich. Aber ich musste es wissen, musste herausfinden, was los war.

»Ich wollte nicht zu einer Statistik werden.«

»Einer … was?« Das kam etwas lauter heraus als ich vorgehabt hatte. Ich senkte die Stimme, obwohl die Hälfte der Gäste im Pub jetzt in unsere Richtung sahen. Sogar der Teenager hinter der Bar hatte aufgehört, auf sein Handy zu starren. »Eine verdammte Statistik? Was zum Teufel meinst du damit?«

Sie biss die Zähne zusammen, bevor sie einen weiteren Schluck ihres Getränks nahm. Ich war froh, dass ich ihr nur eine Cola bestellt hatte, sonst wäre sie schnell zu beschwipst, um zu reden.

»Michelle hat mir von deinem Telefongespräch erzählt.«

Telefongespräch?

»Von der Frau, bei der du dich entschuldigt hast.«

Entschuldigt?

»Und als ich dich gefragt habe, ob du jemand Besonderen in deinem Leben hättest, hast du Nein gesagt.«

»Aber es gibt keine besondere Person.« Ich beobachtete, wie ihre Miene sich kurz verdüsterte, bevor sie sich wieder in den Griff bekam. So schnell vorbei, als hätte ich es nur geträumt.

»Das ist offensichtlich.«

»Ich habe keine Ahnung, wovon du redest. Wenn du nicht wolltest, dass –«

»Richtig, ich will nicht. Ich will nicht mit einer zusammen sein, die in einer Nacht mit einer Frau schläft und in der nächsten versucht, mit einer anderen ins Bett zu steigen.«

In meinem Kopf klingelte etwas – eine Erinnerung, eine Erkenntnis, eine Erleuchtung. Sie redete von meinem falschen Anruf bei meiner Schwester, der Schwester, von der ich gedacht hätte, dass sie Emily mit Sicherheit erzählen würde, was ich getan hatte. In diesem entscheidenden Moment tat ich etwas Dummes. Ich begann zu lachen.

Wichtiger Tipp! Lacht nicht vor einer Frau laut los die euch ohnehin schon die Faust ins Gesicht rammen will. Es macht sie nur noch wütender.

»Jetzt bin ich also eine Lachnummer, ja?«

Mist. Sie sah so sauer aus, dass ich noch heftiger lachte.

»Das reicht.« Emily sprang auf die Füße und stieß dabei gegen den Tisch.

Mein Getränk wankte gefährlich und ich versuchte, es aufzufangen. Stattdessen stieß ich es um und alles ergoss sich auf ihre Jeans.

»Mein Gott! Fuck.« Nicht gerade etwas, das man an einem Sonntagmittag in der Öffentlichkeit rufen sollte.

»Tut mir leid. Es tut mir leid.« Ich versuchte, ihr zu helfen, hatte aber nur meine Hände und die leisteten keine gute Arbeit.

Emily nahm eine meiner Hände und zog sie weg. »Spar dir das für eine deiner Eroberungen auf, Anderson.«

»Verdammt noch mal!« Ich stand auf und lehnte mich zornig zu ihr. »Auch wenn man mitzählt, dass ich gestern *fast* mit dir geschlafen hätte, hatte ich seit knapp zwei Jahren keinen Sex mit einer Frau!«

Plink.

Wenn ihr euch fragt, was dieses »plink« war, es war das Geräusch einer Nadel, die irgendwo im Pub zu Boden fiel.

»Alle starren uns an, oder?« Meine Stimme war kaum hörbar; schade, dass sie nicht schon bei meiner vorherigen Bemerkung so leise gewesen war.

Emilys Blick huschte zu mir und sie nickte. »Fast alle. Der Alte, der Zeitung liest, nicht … Oh, warte, jetzt sieht er her.«

Ich setzte mich langsam wieder an den Tisch und kramte in meinen Taschen. »Hier.« Ich reichte ihr ein paar Taschentücher, damit sie etwas von der Cola abwischen konnte.

»Danke.«

Allmählich kamen wieder andere Geräusche im Pub auf und ich wusste einfach, dass die meisten Stimmen mein Geständnis diskutierten. Obwohl Lesbischsein im Jahr 2012 irgendwie akzeptabel und sichtbarer war, bot es immer noch ein faszinierendes Gesprächsthema für viele Leute.

Als ich mit meinem letzten Taschentuch den Tisch abwischte, hielt Emily meine Hand auf. Als ich zu ihr aufsah, traf mein Blick auf verständnisvolle braune Augen.

»Nur dass du es weißt, ich hatte seit fast drei Jahren keinen Sex mehr.« Sie stieß ein reumütiges Lachen aus. »Und das letzte Mal war an dem Abend, bevor ich herausgefunden habe, dass sie mit einer anderen schläft.«

»Scheiße.«

»Kannst du laut sagen.«

Peinliches Schweigen breitete sich aus. Wir fühlten uns sicher gleichermaßen entblößt.

Ich sah mich nach Inspiration für einen Themenwechsel um. »Ich glaube, unsere Essenstickets sind ein wenig feucht.« Ich hielt die klitschnassen Zettel hoch, grinste sie an und wurde mit einem wahrhaft wundervollen Lächeln belohnt. Gott sei Dank gab es Essenstickets.

»Bist du bereit für das beste Fleischbüffet der Stadt?«

Sie nickte mit einem schiefen Lächeln. »Leg los, MacDuff.«

Das tat ich.

Das Gespräch beim Mittagessen war entspannter. Wir redeten tatsächlich miteinander, anstatt zu versuchen, uns gegenseitig den Kopf abzureißen. Ich wollte Emily mehr über die Frau ausfragen, die sie betrogen hatte, doch das war nicht angemessen. Ich würde warten, bis sie von sich aus darüber reden wollte. Das war es schließlich, was ich hier tun sollte – meine einfühlsame Seite zeigen.

»Ellie? Kann ich dich etwas fragen?« Ihr Ton verriet, dass die Frage, die sie stellen wollte, keine gute für mich war. »Wer war gestern Morgen am Telefon, als du mit Michelle geredet hast?«

Ich hab's ja gesagt.

»Abbie.«

Ich beobachtete, wie ihr Gesicht sich entsetzt verzog, und erkannte, dass sie denken musste, ich würde inzestuöse Dinge mit meiner Schwester tun. Es war an der Zeit, die Wahrheit zu sagen. »Ich habe angenommen, Michelle wäre deine Partnerin, und … und ich wollte nicht so wirken, als wäre ich …«

»Single?«

Single klang besser als *verzweifelt*, was ich hatte sagen wollen, also nickte ich. »Ja. Single.« Eigentlich war *verzweifelt* ehrlicher. »Außerdem wollte ich nicht, dass Michelle dachte, ich hätte ein Auge auf ihre Frau geworfen.«

Ein sanftes Lächeln erhellte Emilys Gesicht. »Aber ich habe dir doch von Tania erzählt. Was hast du … Nein! Du hast doch nicht geglaubt, ich wäre in einer Beziehung mit einer Frau, die mit anderen schlafen und mir davon erzählen würde, oder doch?«

Ich nickte wieder.

»Meine Güte.« Dann lachte sie. »Warte nur, bis ich das Michelle erzähle. Sie wird sich vor Lachen in die Hose machen.«

Mein bestürzter Blick war scheinbar leicht zu lesen, denn sie sagte schnell, aber noch immer lachend: »Keine Sorge. Ich verrate nichts.«

Nachdem wir gegessen hatten, fuhr ich sie nach Hause und versprach, sie am nächsten Tag in aller Früh abzuholen. Es wäre der Beginn einer neuen Woche – und hoffentlich auch eines neuen Kapitels in meinem Leben. Diesmal ohne Signalverwirrung und mangelnde Kommunikation.

Ich konnte ja hoffen, oder?

Kapitel 7

Fast eine Woche war seit der Aussprache im Pub vergangen und sie wurde nie wieder angesprochen. Wir fuhren immer noch jeden Tag zu Charlie und dann zum Mittagessen zu Emily, bevor wir für den Rest des Tags weiterarbeiteten. Ich merkte, dass ich etwas zu oft in die Luft starrte, um mich richtig zu motivieren und die Aufgaben in Emilys Garten zu erledigen, die ich mir für den jeweiligen Tag vorgenommen hatte. Es gab zu viele Momente, in denen ich aus meinen Gedanken auftauchte und feststellte, dass mein Kopf auf den Griff meines Spatens gestützt war. Seltsamerweise schien das immer dann zu passieren, wenn Emily vor meinen Augen mit irgendetwas beschäftigt war. Wenn sie je bemerkte, wie ich abdriftete, sagte sie nie etwas dazu.

Ich wollte Dinge ansprechen. Und wenn ich *Dinge* sage, meine ich damit, dass ich sie auf ein Date einladen wollte. Aber seit dem Fiasko von letzter Woche hatte sie durch nichts angedeutet, dass sie den nächsten Schritt wagen wollte. Sie wusste, dass ich keine Aufreißerin war – weit davon entfernt. Ich konnte Damen höchstens mit Gerede über Pflanzen und Hunde zu Tode langweilen. In dem Fall musste ich mich schuldig bekennen, keinen Charme zu besitzen. Wir wussten, dass wir beide Single waren, fühlten uns zueinander hingezogen, hatten vor sechs Tagen beinahe gevögelt und es eindeutig genossen. Jedenfalls hatte ich das, bevor ich erkannt hatte, dass diese Leidenschaft nicht geteilt wurde, auch wenn ich mittlerweile den Grund kannte. Also warum war seitdem nichts passiert?

Ich wollte sie zwar – und wie ich sie wollte –, aber ich glaubte nicht, dass ich bereit war, den nächsten Schritt zu wagen. Das war meine Ausrede dafür, nichts zu sagen, obwohl ich *Dinge* ansprechen wollte. Ich war vielleicht verwirrt. Und ihr seid das sicher auch.

Vielleicht war es Charlie. Nein. Ich meine nicht, dass er mich auf die Seite genommen und auf seine beste, hündisch-freundliche Art gesagt hat: »Mach dir gar nicht erst die Mühe, sie einzuladen. Sie wird dich abblitzen lassen.«

Es war eher so: Wenn ich mir erlaubte, Emily näherzukommen, was würde dann passieren, wenn der Monat vorüber war und wir entscheiden mussten, bei wem Charlie leben würde? Konnte ich mich in sie verknallen und dann sagen: »Nein. Charlie ist mein Hund. Verzieh dich«? Das bezweifelte ich.

Also war ich hier, grub eine Grube für einen Zaunpfosten – eine von vielen in meinem Leben, sowohl echte als auch metaphorische – und träumte davon, eine Frau um ein Date zu bitten, die ich letztlich sicher nie um ein Date bitten würde.

Ich bin eine Idiotin.

Einige Tage später besuchte ich Abbie. Lily gefiel es nicht, dass ich ohne Emily kam, also empfing sie mich nicht gerade freundlich. Sie beschloss, stattdessen mit ihrer Hündin zu spielen. Poppy hatte sich inzwischen gut in ihrem Haushalt eingewöhnt und alle um ihre kleine Pfote gewickelt.

Aus irgendeinem Grund fühlte ich mich etwas überempfindlich. Ich wollte heulen, auf die Knie fallen und schreien: »Meine geliebte Familie. Kommt zu mir!« Irgendwann musste ich in Gedanken die Tage bis zu meiner nächsten Periode zählen, um nachzuprüfen, ob ich nicht gerade meinen Eisprung hatte.

Nachdem ich eine Tasse Tee geschnorrt hatte, schlug ich vor, mit Poppy spazieren zu gehen und Lily rief nach Jessie J. Ich musste in mich hineingrinsen, nicht etwa, weil sie die Hündin nach der Sängerin benannt hatte, sondern weil die Kleine den Namen komplett ignorierte und in die andere Richtung lief.

»Schau mal, Tante Wellie.« Lily nahm Poppy von der Leine. »Sitz.«

Poppy setzte sich.

»Bleeeeeeeeeib.«

Die Hündin blieb sitzen, während Lily rückwärts von ihr wegging. »Bleeeeeeeeeib.«

Poppy wirkte erwartungsvoll.

»Komm her, Jessie!« Lily klopfte sich mit den Händen auf die Oberschenkel und die Hündin stand auf, aber dann setzte sie sich wieder.

»Jessie!«

Abgesehen von einem leichten Zucken blieb die Hündin sitzen.

»Sag mal ihren Namen.«

»Tue ich doch.«

»Ihren richtigen Namen.«

Lily schnalzte mit der Zunge und starrte Poppy fest an, als schickte sie ihr eine telepathische Botschaft. Dann seufzte sie. »Poppy!«

Die kleine Jack Russell-Dame rannte los und sprang hoch, um Lilys Hände zu lecken, mit denen sie jetzt aufgeregt in der Luft wedelte.

Ich klatschte und jubelte und sagte Lily, wie schlau sie war, weil sie Poppy so gut trainiert hatte.

Die kleine Zwergin starrte mich nur an, bevor sie Poppy an sich drückte. »Hab ich gar nicht. Sie war schon so.«

Was war sie? Ein neues Elektrogerät? Wo war die Betriebsanleitung?

»Aber sie würde ihre Tricks doch nicht für jeden machen, oder?«

Lily wurde noch aufgeregter und befahl Poppy dann ungefähr vierzigmal, zu sitzen und zu bleiben.

Als wir wieder zum Haus zurückkamen, waren Hund und Kind erschöpft und Lily beschloss, dass sie »beide« fernsehen mussten. Rob arbeitete, also hatten Abbie und ich Gelegenheit, in der Küche Neuigkeiten auszutauschen.

»Was gibt's?«

Ich weiß nicht, wie meine Schwester das schafft. In dem Moment sah sie mich nicht einmal an.

»Warum sollte es irgendetwas geben?«

Abbie schnaubte, während sie weiterhin Tee aufbrühte.

»Warum schnaubst du?«

Sie schnaubte erneut.

»Es gibt nichts Neues. Wie kommst du darauf?« War ich zu vehement? War das der Grund, warum sie in mir lesen konnte wie in einem offenen Buch? »Abbie?«

»Verdammt nochmal, Elles, ich habe mich nur erkundigt, wie es dir geht. Aber so, wie es klingt«, sie drehte sich mit den Tassen in Händen und einem breiten Grinsen um, »denke ich, du solltest mit deiner älteren und sehr verständnisvollen Schwester reden.« Die Tassen landeten auf dem Tisch. »Spuck's aus.«

»Es gibt nichts auszuspucken.« Ich zog den Tee zu mir heran und hielt mich daran fest, als könnte er mich vor der Wahrnehmung meiner Schwester schützen.

Abbie schnaubte wieder.

»Bist du erkältet?«, fragte ich.

Sie ignorierte die Bemerkung und sah mir direkt in die Augen. »Hör mal, Ellie, nichts für ungut, aber wann hast du mich zum letzten Mal mitten an einem Arbeitstag besucht?«

Ich starrte sie verständnislos an.

»Ich sage dir, wann: als du vor fünf Jahren Toby verloren hast.«

Das konnte nicht stimmen. Ich besuchte sie ständig.

»Versteh mich nicht falsch, du besuchst uns oft.«

Na bitte.

»Aber nicht während der Arbeitszeit.« Abbie lehnte sich vor, nahm mir die Tasse aus den Händen und stellte sie auf den Tisch. »Du siehst also, warum ich ein wenig besorgt bin.«

Ich sagte nichts.

»Wie geht's Charlie?«

»Gut. Wunderbar. Großartig sogar.«

»Deine Verabredungen mit Emily laufen auch gut?«

»Was meinst du damit?« Wie schaffte sie es, dass ich meine Gedanken so schnell verriet?

»Tatsächlich habe ich eure gemeinsamen Besuche bei Charlie gemeint, aber ich glaube, vielleicht …« Sie neigte den Kopf zur Seite und zog eine Braue hoch. »Du hast dich in sie verliebt, oder?«

Ich stieß ein *Pffft* aus und griff nach meiner Tasse, aber Abbie zog sie aus meiner Reichweite.

»Das hast du! Du hast dich in die hinreißende Ms. Carson verliebt!«

Abbie warf den Kopf in den Nacken und lachte laut heraus. Wenigstens war es besser als Schnauben, wenn auch nicht viel.

»Nein, habe ich nicht!«

»Ellie mag Emily!«

»Nein, tu ich nicht!« Ich glaubte mir nicht einmal selbst.

»Du magst Tante Ems?« Lily erschien gerade rechtzeitig, um meine Verwandlung vom Menschen in eine Rote Rübe zu beobachten. »Willst du sie heiraten?«

Poppy schlitterte um meine Nichte herum, hüpfte auf mein Knie und starrte mir eindringlich in die Augen.

Irgendwo im Hintergrund hörte ich die Türklingel, war aber zu gedemütigt, um mich zu bewegen.

Abbie zeigte auf mich und lachte, genau wie sie es in unserer Kindheit getan hatte. Und genau wie damals hasste ich es.

Ich hörte, wie Lily mit jemandem redete und sagte, dass Tante Wellie Emily heiraten würde, und dann merkte ich, dass Abbie plötzlich zu lachen aufgehört hatte. Ich sah, wie sie blass wurde. Es schien als wäre alles langsamer geworden, wie bei einem Videoband, das jeden einzelnen Schnappschuss zeigte.

»Was?«

Mein Kopf brauchte eine Ewigkeit, um sich von der bleichen Miene meiner Schwester zu Lily zu drehen, die zur Tür hereinkam und noch den Mund bewegte, deren Worte aber für mich unverständlich blieben. Sie hielt eine Hand. Eine ältere Hand. Sie war ganz aufgeregt, in Zeitlupe. Sie drehte das Gesicht zu mir und ich sah ihr glückliches Strahlen. Lily nickte in meine Richtung und sah dann wieder auf. Mein Blick folgte ihrem und ich fand mich Auge in Auge mit meiner Mutter wieder.

Dreizehn Jahre.

So lange war es her, seit ich ihr zuletzt in die Augen gesehen hatte. Ich wünschte, ich könnte sagen, dass der Ausdruck weicher wäre, der Blick verständnisvoller, der Hass verschwunden. Aber das konnte ich nicht. Der Blick, mit dem sie mich bedachte, zeigte deutlich, dass es keine Rolle spielte, wie viel Zeit vergangen war – sie würde mir nie dafür vergeben, dass ich war, wer ich war, anstatt ihren Erwartungen zu entsprechen.

Es tat immer noch weh. Es tat mehr als weh. Obwohl ich die letzten dreizehn Jahre damit verbracht hatte, keine Wiedervereinigung mit Herzchen und Blümchen zu erwarten, war es wie ein Schlag in den Magen zu wissen, dass es egal war, ob ich dreißig war; ich wurde immer noch nicht akzeptiert.

»Mum? Was tust du hier?«

Ich hörte Panik in Abbies Stimme. Ich wusste, dass sie unsere Eltern noch traf, meine Mutter hegte keinen Groll für diejenigen, die ihrer Vorstellung von Schicklichkeit entsprachen, aber es war trotzdem ein Schock, sie in der Küche meiner Schwester zu sehen, wie sie die Hand meiner Nichte hielt.

»Tante Wellie heiratet Emily.«

Nein, Lily. Nicht jetzt.

»Nein, Lily. Eine Frau kann keine andere Frau heiraten.«

Doch, kann sie.

»Das ist unnatürlich.«

Nein, ist es nicht. Liebe ist Liebe. Und wenn ich Emily Carson heiraten wollte, würde ich das verdammt noch mal tun.

»Ich sollte gehen.«

»Ellie!«, rief meine Schwester flehend. »Geh nicht. Bleib.«

»Wir reden später, Abbie.«

Ich war überrascht, dass ich mit dem riesigen Kloß in meiner Kehle überhaupt sprechen konnte. Abbie öffnete den Mund, um noch etwas zu sagen, aber ich lehnte mich vor und küsste sie auf die Wange. Ich zerzauste Lilys Haare. »Ich komme am Wochenende wieder.«

Sie ließ die Hand ihrer Großmutter los und klammerte sich an mein Bein. »Bleib. Poppy braucht dich.« Ihr Griff war einengend. »Ich brauche dich auch.«

Ich versuchte, sie von mir wegzuschieben, aber sie ließ nicht locker, also musste ich von der Szene in der Küche wegschlurfen, während meine Nichte sich noch an mein Bein klammerte. Nicht gerade, wie ich mir vorgestellt hatte, eine unerwartete Begegnung mit meiner Mutter zu beenden, aber was blieb mir anderes übrig?

Glücklicherweise eilte Abbie mir zur Hilfe. Sie folgte mir hinaus und hob Lily hoch. Sie blickte mir immer noch besorgt hinterher, als ich in mein Fahrerhaus kletterte.

»Ich ruf dich später an, Elles.«

Ich nickte und startete den Motor. Ich wusste, dass zwei grüne Augenpaare mir nachsahen, als ich auf die Straße fuhr, und vermisste ihre Gegenwart, als ich um die Ecke bog und in die Leere des Tages zurückkehrte.

Sobald ich nach Hause kam, schaltete ich mein Handy aus. Es war fast wie in Wystan Hugh Audens Gedicht: »Haltet alle Uhren an, lasst das Telefon abstellen; hindert den Hund am Bellen, indem ihr ihm einen Knochen gebt«, aber stattdessen erschien es mir eher wie: »Ich dachte, Liebe würde ewig währen; ich lag falsch.« Zu verdammt wahr. Liebe währt nicht ewig. Und es tut auf jeden Fall weh, das zu wissen. Liebe ist ein Biest.

Wie konnten meine Eltern mir den Rücken zukehren, nur weil ich nie mit einem Mann zusammen sein wollte? Hatte ich irgendjemandem damit wehgetan? Ganz offensichtlich ihnen, wie sie fanden. Es spielte keine Rolle, dass ich abgesehen von der romantischen »Norm« alles getan hatte, um ihren Erwartungen zu entsprechen. Ich hatte keine wilde Jugend gehabt, hatte ihnen nie einen Grund gegeben, mir Hausarrest aufzubrummen. Ich hatte nie mit Jungs hinter dem Radschuppen oder auf dem Rücksitz irgendeiner Schrottkarre herumexperimentiert. Vielleicht hätte ich das tun sollen, dann wäre ich so gewesen, wie sie es gewollt hatten.

Wären sie glücklicher gewesen, wenn ich schwanger heimgekommen oder mit irgendeinem pickligen Teenager, der zufällig einen Schwanz hatte, durchgebrannt wäre?

Wohin war meine philosophische Einstellung verschwunden, dass in meinem Leben zu viel passiert war, um mir Sorgen wegen ihrer Gefühllosigkeit und Unfähigkeit zur bedingungslosen Liebe zu machen? Was dazwischen, was davor geschehen war – eigentlich spielte es keine Rolle. Ich bin lesbisch. Ich ziehe die Gesellschaft von Frauen vor, auch wenn ich lange nicht mit einer Frau zusammen war.

Das Gesicht meiner Mutter kam mir in den Sinn. Es war dreizehn Jahre her, seit ich sie zuletzt gesehen hatte. Ich hatte gehofft, dass sie gealtert wäre, nachdem sie mir den Rücken zugekehrt hatte, dass die Schuldgefühle sie auffressen würden, aber nein. Sie sah genauso aus wie immer, vielleicht ein wenig älter, aber das war nicht der Rede wert. Ein Teil von mir fragte sich, wie mein Vater aussah, aber dann dachte ich: *Wen kümmert das schon?* Ich fragte mich auch, ob sie glücklich waren, so ohne mich in ihrem Leben. Wahrscheinlich. Und wie gesagt, wen kümmerte es schon? Es war offensichtlich, dass ihnen mein Glück egal war. Sie hätten vorgezogen, dass ich vorgab, jemand zu sein, der ich nicht bin – dass ich ein Leben voller Elend führte, anstatt mich zu akzeptieren.

Scheiß auf sie.

Diese Trottel.

Beschissene Trottel.

Ich war in dreißig Minuten von Schmerz zu Wut übergangen. Und die Wut wuchs an.

Wie konnten sie es wagen? Wie konnten sie es verdammt noch mal wagen, nach all der Zeit zu versuchen, mein Leben durcheinander zu bringen? War es nicht schon schlimm genug, dass sie mich hinausgeworfen hatten, als ich erst zwanzig war und nicht wusste, wie ich meinen Lebensunterhalt bestreiten sollte? Sie hatten erwartet, dass ich meinen Anspruch auf ein Leben in Sünde zurücknahm und mit meinem und Tobys Schwanz zwischen unseren Beinen nach Hause zurückgekrochen kam.

Ganz offensichtlich hatten wir das nicht getan.

Meine Lippen verzogen sich zu einem grimmigen Grinsen. Ich wette, meine Weigerung, mich anzupassen, hatte sie gründlich vor den Kopf gestoßen. Bilder aus meiner Kindheit gingen mir durch den Kopf. All die Momente, als meine Mutter mich dafür getadelt hatte, dass ich einfach ein Kind war. Zeiten, als ich ihr etwas mitteilen wollte und sie mich mit einem Blick oder einem beiläufigen Winken entlassen hatte. Nie hatte sie Schulvorführungen besucht. Auf Elternabenden ging es immer darum, was ich besser machen konnte, nie hörte ich: »Du bist Klassenbeste in Englisch? Gut gemacht«, immer nur Hohn und Bemerkungen wie: »Du solltest dich in Mathe und Naturwissenschaften mehr anstrengen. Die sind wichtiger.«

Versteht mich nicht falsch, meine Kindheit war nicht nur schlecht. Ich hatte Abbie. Es überrascht mich immer wieder, wie normal sie geworden ist. Sie hat sich nie von ihnen beeinflussen … oder zumindest, hat sie nie gewinnen lassen. Kein Wunder, dass sie so jung geheiratet hat. Ja, sie liebt Rob, aber vielleicht hatten sie nicht nur so jung geheiratet, weil sie es kaum erwarten konnten, sich zu binden. Ich fragte mich, was wirklich dahintersteckte. Hatten unsere Eltern versucht, sich in ihr Leben einzumischen, genauso wie sie es bei mir getan hatten?

Drrrriiiiiiiiiiiiiing!

Als mein Haustelefon klingelte, erschrak ich fast zu Tode. Ich stürzte darauf zu, aber es verstummte, bevor ich abheben konnte.

127

Klick. Ich lauschte meiner eigenen Stimme, die verkündete, dass ich gerade nicht ans Telefon kommen konnte, aber wenn die Person eine Nachricht hinterlassen wollte …

»Hey, Ellie.«

Warum rief Emily mich an? Ich hatte sie erst heute Morgen gesehen. War mit ihr und Charlie spazieren gegangen und hatte ihr gesagt, dass ich meine Schwester besuchte, weil die Materialien, die ich für den hinteren Zaun brauchte, noch nicht angekommen waren.

»Ich …ähm … wie geht es dir?« Sie schwieg kurz, bevor sie fortfuhr. »Ich habe es auf deinem Handy probiert, aber das ist direkt zur Mailbox gesprungen. Kannst du mich zurückrufen, wenn du das hörst?«

Das konnte ich, aber das bedeutete nicht, dass ich es auch würde.

»Oder Abbie.«

Bingo.

»Okay. Bis bald.«

Abbie hatte sie angerufen. Ich spürte es in den Knochen. Wenn ich mein Handy einschaltete, würde ich mit Sicherheit einen verpassten Anruf, vielleicht ein paar Nachrichten von meiner Schwester vorfinden. Ich war überrascht, dass sie überhaupt so lange gewartet hatte. Wie viel Zeit war vergangen, seit ich bei ihr weggefahren war? Eine Stunde? Wo war die Hexe gewesen, als Abbie mich angerufen hatte? Hatte sie in ihrem Kessel gerührt?

Stopp. Warum zog ich über Abbie her? Es war nicht ihre Schuld, dass sie hetero und mit unseren Eltern in Kontakt geblieben war. Ich wurde langsam verbittert – oder war ich es schon immer gewesen und das war nur ein Ausbruch, vergleichbar mit Herpes?

Ich nahm das Telefon und wählte. Es klingelte nur ein paar Mal, bevor eine sehr vertraute Stimme sich meldete.

»Hey. Hast du gerade zu tun? Willst du dich kurz mit mir treffen?«

Das Gespräch dauerte weniger als eine Minute und ich fühlte mich bereits besser. Da ich jetzt Pläne hatte, musste ich mich aufraffen. Ich entschied mich für eine kurze Dusche und zog mich um. In meiner Arbeitskleidung konnte ich schließlich nicht in den Pub. Und ich glaube, Abbie wäre nicht allzu glücklich, wenn ich nach harter Arbeit, Schweiß und Tränen stinkend auftauchte.

Ganz offensichtlich hatte ich nicht Emily angerufen. Ich musste mit meiner Schwester reden; deshalb war ich ursprünglich zu ihr gefahren.

Als ich auf dem Weg zum Badezimmer aus dem Fenster sah, verspürte ich einen schuldbewussten Stich beim Anblick der Materialien für Emilys hinteren Zaun, die ich dort unter einer Abdeckplane versteckt hatte. Ich lächelte schwach. Wenigstens hatte ich heute eine Person an der Nase herumgeführt. Meine Schwester zu hintergehen war eine völlig andere Sache. Sie roch Vertuschung, bevor die andere Person auch nur blinzeln konnte.

Abbie war bereits im Pub, als ich ankam. Offenbar hatte sie Lily bei Rob zu Hause gelassen, wo sie ihn wahrscheinlich mit Hundetricks und Karaokesingen in den Wahnsinn trieb.

Sobald Abbie mich sah, stand sie auf und eilte zu mir. Dann nahm sie mich in die Arme und drückte mich fest. »Es tut mir leid.«

Ich zuckte mit den Schultern und versuchte zurückzuweichen.

»Nein, wirklich. Ich hätte Mum widersprechen sollen.«

Ich versuchte, mich von ihr zu lösen. »Die Leute starren. Sie werden noch denken, wir sind ein Paar.«

»Lass sie starren. Wenn sie über uns reden, lassen sie dafür andere in Frieden.«

Ich lachte und neigte den Kopf zurück, um sie anzusehen.

Abbie hatte eine Braue hochgezogen und zeigte ein selbstgefälliges Grinsen. »Wie wäre es mit etwas zu essen? Hier gibt es angeblich das beste Fleischbüffet der Stadt.«

Mist. Das hatte ich vergessen, als wir das Treffen ausgemacht hatten. Ich lachte und Abbie sah mich fragend an.

»Nichts. Setz dich. Ich spiele die Jägerin.«

Ich war nicht überrascht, als derselbe Barkeeper mich erwartete. Er nickte mir wissend zu und zwinkerte, bevor er fragte, was er mir bringen konnte. Frecher Mistkerl. Konnte er nicht sehen, dass Abbie und ich verwandt waren? Ich tat es schulterzuckend ab und bestellte.

Als er mir das Wechselgeld reichte, lehnte er sich verschwörerisch vor und flüsterte: »Ich verrate nichts.«

Ich starrte ihn finster an. Was für ein Idiot.

Abbie wartete, bis wir gegessen hatten, bevor sie mich auf unsere Eltern ansprach.

Anstatt auf ihre Frage zu antworten, wie ich mich fühlte, sprang ich gleich über zu: »Warum hast du Rob so jung geheiratet?«

Sie neigte den Kopf und sah mich verwirrt an. »Weil wir uns lieben.«

»Das weiß ich, aber warum so jung? Warum seid ihr nicht einfach erst zusammengezogen?«

Abbie lachte. »Muss ich dir das wirklich erklären?«

Das musste sie nicht. Sie hatte nicht einfach mit dem Mann, den sie liebte, »leben« dürfen; sie hatte den elterlichen Erwartungen entsprechen müssen. Aber das war nicht die Abbie, die ich kannte. Meine Abbie hätte Mum gesagt, dass sie sich verziehen sollte, und wäre trotzdem mit Rob zusammengezogen.

Ich musste sie kein zweites Mal fragen. Sie seufzte und schob ihren leeren Teller von sich. »Ich habe zu hören bekommen, dass ich zu Hause nicht länger willkommen wäre, wenn ich mit Rob ›in Sünde‹ leben würde.«

Ich zuckte mit den Schultern. Für mich wäre das kein großer Verlust gewesen.

»Und das hätte bedeutet, dass ich dich nicht mehr gesehen hätte. Mum hat sehr deutlich gemacht, dass ich damit ein schlechtes Vorbild für dich gewesen wäre.«

»Aber ich war alt genug, um dich besuchen zu können … alt genug, um meine eigenen Entscheidungen zu treffen.«

Abbie lehnte sich vor und nahm meine Hand. Ich spürte den Blick des Barkeepers auf uns. Perverser.

»Es spielt keine Rolle, oder? Das liegt alles in der Vergangenheit. Rob und ich lieben uns und hätten ohnehin früher oder später geheiratet.«

»Aber –«

»Kein Aber, Elles. Es ist, wie es ist. Ich bin glücklich.« Sie sah mir eindringlich in die Augen. »Bist du es?«

Ich sah sie verwirrt an.

»Glücklich?«

Ich öffnete den Mund, konnte mich aber nicht entscheiden, was ich sagen sollte.

»Du könntest es sein, wenn du ihr eine Chance geben würdest.«

»Das habe ich. Wir haben … ähm … nichts getan.«

»Was zum Teufel? Ihr habt … ähm … nichts getan? Das ist deine ganze Lebensgeschichte, Ellie.«

Ich biss mir auf die Lippe, um mir eine spontane Erwiderung zu verkneifen, und sah dabei sicherlich wie eine Bulldogge aus. »Wir haben fast … und dann doch nicht. Sie … ich … ach, Mist.«

»Hast du sie auf ein Date eingeladen? Ein richtiges Date und nicht nur ›Besuchen wir Charlie‹?«

Das hatte ich bestimmt. Ganz sicher. Am Anfang … Das Mittagessen, ja. Nein. Das war nur Mittagessen gewesen. Robs

Fete! Nein, auch das war falsch. Ich war dazu gedrängt worden, sie abzuholen, was bei einem Date normalerweise nicht geschah.

Ich öffnete den Mund, um zu antworten, und dann erschien das wundervolle Bild eines gewissen braunäugigen Jungen vor meinem inneren Auge. Charlie. Er war der Grund, warum ich Emily nicht nach einem Date gefragt hatte. Warum hatte ich all diese verschiedenen Szenarien durchdenken müssen, bevor mir der Grund eingefallen ist, warum ich Emily Carson nicht offiziell um ein Date gebeten hatte? Ich schüttelte den Kopf, um den Gedanken zu vertreiben, aber Abbie fasste es als Verneinung auf.

»Du musst –«

»Nein, muss ich nicht.« Ich riss die Hand aus ihrer.

»Doch. Musst du.« Sie packte meine Hand wieder und zog mich über den Tisch zu sich, nicht komplett, aber so weit, dass wir Auge in Auge waren.

Ich sah über ihre Schulter und bemerkte, wie der Barkeeper mir den erhobenen Daumen zeigte. Ich wollte ihm einen anderen Finger zeigen, konnte aber die Hand nicht heben, um es so effektiv zu machen, wie ich wollte.

»Ich bin richtig stolz auf dich, weil du für Charlie dein Herz wieder öffnest, aber du brauchst eine Frau in deinem Leben.«

Aber das war das Problem, oder? Ich konnte nicht den einen haben, ohne die andere zu verlieren. Wenn ich Emily in mein Leben ließ, würde Charlie ihr gehören. Doch wenn ich Charlie für mich behielt, was würde das für Emily und mich bedeuten?

Plötzlich war es, als wäre in meinem Kopf ein Licht angegangen. Kein sehr helles Licht, aber doch ein Licht. Würde ich nicht auch ihre Freundschaft verlieren? Daran hatte ich noch nicht gedacht. Ich hatte mich nur auf eine Beziehung mit ihr konzentriert, nicht auf Freundschaft. Aber ich wollte ihre Freundschaft nicht verlieren. Ich hatte sie gerade erst gefunden. Hatte Emily gerade erst gefunden. Warum musste ich mich entscheiden? Warum konnte ich nicht beides haben?

»Weißt du, wenn du und Emily ein Paar wärt, könnt ihr vielleicht beide Charlie haben.«

Ich hörte die Worte, die aus Abbies Mund kamen, hatte jedoch Schwierigkeiten, sie zu verarbeiten. Wie konnten wir beide Charlie haben? Ich wäre in meinem Haus und sie in ihrem. Ich wollte Charlie rund um die Uhr. Eine kleine Stimme in meiner Brust quietschte: »Und du willst auch Emily rund um die Uhr.«

»Mein Kopf tut weh. Können wir nicht einfach –«

»Nein. Du musst darüber reden, Ellie. Du kannst nicht unter deinen Anti-Beziehungsstein zurückkriechen. Ich weiß, du bist verletzt worden. Ich weiß, dass es hart war, Toby zu verlieren … und Mum und Dad.«

»Die zwei kümmern mich einen Dreck.« Dazu sagte Abbie nichts, denn ganz offensichtlich kümmerten sie mich doch.

»Du musst Emily eine Chance geben. Wenn es nur Sex ist, dann ist es nur Sex, aber du musst endlich wieder leben.«

»Sind die Damen fertig?« Der Barkeeper hatte beschlossen, dass *Facebook* weniger interessant war als die zwei Frauen in der Ecke, und war gekommen, um unseren Tisch abzuräumen. »Kann ich noch etwas für Sie tun?«

Am liebsten hätte ich gesagt: »Ja. Verpiss dich«, aber ich bin eine Dame.

»Hätten Sie gerne … Nachtisch?«

Ich starrte ihn nur finster an, bis er sich abwandte.

»Ich will einen Sundae mit Nüssen«, sagte Abbie, während sie versuchte, eine gespielte Trauermiene heraufzubeschwören, als würde ihre Welt zusammenbrechen, wenn sie ihren Nachtisch nicht bekam.

Hä? Wie waren wir von einem Gespräch über Sex zu Sundaes gekommen?

»Und Schokosoße.« Abbie ließ meine Hand los und stand auf. »Diesmal spiele ich die Jägerin. Bleib einfach sitzen und denk nach.«

Das tat ich nicht. Ich blieb sitzen und zappelte. Ich blieb sitzen und rutschte hin und her. Ich blieb sitzen und lehnte mich vor und wieder zurück, bis Abbie wiederkam.

»Ich bin nicht länger auf Diät«, verkündete sie.

»Und?«

»Ein wenig von dem, was du gernhast, macht die ganze Welt besser.« Abbie nippte an ihrer Cola und wirkte zufrieden. »Warum solltest du dir die kleinen Freuden des Lebens versagen, obwohl es alles ins richtige Licht rückt, hin und wieder zu genießen?«

Wovon redete sie da?

»Ich habe dir einen Eisbecher ohne Nüsse bestellt.«

»Warum? Du weißt, dass ich Nüsse liebe.«

»Weil du eine Lesbe bist und Lesben mögen keine Nüsse.«

Natürlich sagte sie das genau in dem Moment, als die Eisbecher gebracht wurden, zum großen Vergnügen des Barkeepers, der jetzt zweifellos unser Kellner des Abends bleiben würde.

Beide Sundaes waren mit Nüssen bedeckt.

»Nur ein Witz.« Sie nahm ihren Löffel. »Siehst du? Du kannst beides haben – Eiscreme und Nüsse.«

Ich schüttelte lediglich den Kopf und warf ihr einen mitfühlenden Blick zu. »Du hast einen an der Waffel.«

»Iss. Sonst sehe ich mich gezwungen, ihn für dich zu essen.«

Ich gab nach.

Kapitel 8

Ich konnte nicht richtig schlafen. Jedes Mal, wenn ich die Augen schloss, sah ich Dinge, an die ich mich nicht erinnern wollte. Warum konnte ich nie an all die guten Dinge in meinem Leben denken, wenn ich nicht schlafen konnte? Andererseits: Welche guten Dinge?

Abbie. Lily. Rob, gelegentlich. Ich mache nur Witze. Charlie. Und … Emily. Aber die beiden letzteren konnten so leicht von den »guten Dingen« in meinem Leben verschwinden. Sie konnten so leicht zu Dingen werden, die ich wegpackte und hinten im Schrank versteckte, wo sich Staub und Was-wäre-wenns ansammelten.

Ich beobachtete, wie es hell wurde, und blieb noch eine Weile liegen, bevor ich mich aufraffte. Ich hatte Arbeit in Emilys Garten zu erledigen und dann würden wir zu Charlie ins Hundeheim fahren und zu Mittag essen. Es war noch eine Woche bis zur Entscheidung, wer ihn bekommen würde. Einerseits freute ich mich darauf, andererseits bereitete es mir furchtbare Angst. Aber wenigstens würde ich es so oder so bald wissen. Unglücklicherweise. Oder glücklicherweise. Oder doch unglücklicherweise. Das könnte ich endlos so fortsetzen, aber die Nachricht sollte klar sein.

Als ich ankam, war Emily bereits draußen und verkleidete eine Tür. Ich saß im Pick-up und beobachtete gefesselt, wie sie mit der Schutzbrille auf der Nase die Säge durch das Holz führte und wie ihr Pferdeschwanz dabei wippte. Einmal mehr war ich hin und weg. Warum musste sie so schön sein? So wundervoll? So … so … *Emily*.

»Guten Morgen, du!«

In meiner Wolke der Sehnsucht hatte ich gar nicht bemerkt, wie die Säge verstummt war. Emily hatte die Schutzbrille hochgeschoben und grinste mich an, während sie mit dem Gerät in der Luft winkte.

»Hast du die Materialien für den hinteren Zaun bekommen?«

Ja. Aber die lagen noch unter der Plane in meinem Garten.

Ich setzte das Grinsen einer Frau auf, die sich größte Mühe gab, ihre Lüge zu vertuschen. »Ich muss sie nachher abholen.«

Emily legte die Säge ab und kam zu mir herüber.

»Das Abholen bei *B&Q* sollte nicht lange dauern.«

»Großartig! Kann ich mitfahren? Ich muss selbst ein paar Dinge besorgen und es würde Zeit sparen, wenn wir zusammen fahren.«

Scheeeeiße. »Ich könnte sie für dich mitnehmen. Das würde noch mehr Zeit sparen.« Ich hörte das Flehen in meinem Ton; schade, dass sie das nicht tat.

»Das macht mir gar nichts aus.«

Ich öffnete den Mund, um noch mehr Mist von mir zu geben, aber sie fuhr fort: »Danach könnten wir direkt zu Charlie fahren. Das liegt auf dem Weg.«

Das stimmte. Aber es änderte nichts an der Tatsache, dass ich sie gestern angelogen hatte.

»Willst du eine Tasse Tee?«

Sie wartete nicht einmal meine Antwort ab. Sie ging schon zum Haus zurück, bevor ich auch nur die Worte *Verdammte Scheiße* denken konnte. Entschuldigt den unhöflichen Ausrutscher, obwohl ihr wahrscheinlich schon wisst, dass ich ziemlich schnell fluche.

Es war wie bei dem Szenario mit den verzinkten Nägeln, nur dass der Wind sich gedreht hatte – jetzt blies er mir ins Gesicht. Emily hatte einmal unsere Besuchszeit geändert und so getan, als müsste sie eine wichtige Lieferung abholen. Ihre Lüge war allerdings ein wenig akzeptabler. Sie hatte es getan, weil sie mich zum Mittagessen einladen wollte. Ich dagegen hatte gelogen, damit ich zu meiner Schwester rennen und jammern konnte, warum ich mein Leben nicht in klare Kategorien einteilen konnte. Wenigstens hatte ich einen Eisbecher bekommen.

Auf dem Weg zum Haus trödelte ich. Wenn ich langsam ging, fiel mir vielleicht eine Ausrede ein, bevor ich ankam. Unglücklicherweise war der denkende Teil meines Gehirns gerade ausgeflogen – wahrscheinlich auf einer Party mit anderen Teilen meines Gehirns, wo sie alle bei Cocktails und Spießchen diskutierten, was für eine Idiotin ich bin. Wenn ich eingeladen gewesen wäre, hätte ich der Beurteilung meines Gehirns zugestimmt.

Als ich zum Haus sah, entdeckte ich Emily, die mich durch das Fenster beobachtete. Ihre Hände ruhten auf dem Fensterbrett und sie starrte mich eindringlich an.

Ein Schmetterling erhob sich irgendwo in meinem Magen und begann durch meinen Körper zu flattern. Ich sah, wie Emily sich aufrichtete und schnell abwandte, als wollte sie nicht, dass ich sie sah. Ein Grinsen trat auf mein Gesicht. »Zu spät, meine Liebe.« Eine Sekunde lang fühlte ich mich, als hätte ich die Kontrolle, bis ich mich daran erinnerte, dass ich immer noch die Idiotin war, die Zaunmaterial vor ihr versteckte.

Den ganzen Weg zum *B&Q*-Baumarkt dachte ich über Ausreden nach, aber mir fielen keine ein. Emily überprüfte ihre Liste und plapperte munter vor sich hin, wie sie hoffte, dass alles fertig war, damit sie mich nicht warten lassen musste. Ich wurde langsam blass. Warum hatte ich nicht einfach mit geantwortet: »Ach ja. Ich habe sie gestern abgeholt und nach Hause mitgenommen. Deshalb habe ich deinen Anruf verpasst.« Ganz einfach, weil ich, wie meine Gehirnzellen alle fanden, eine Idiotin war.

Als wir aus dem Pick-up stiegen, drehte ich mich zu Emily und sagte: »Ich gehe in die Heimwerker-Abteilung rüber. Sollen wir uns hier wieder treffen?«

Sie schüttelte den Kopf und zeigte ihr süßes Lächeln. »Ich gehe auch dorthin.«

Scheeeeiße.

»Oh, warte. Ich muss mir die Bodenfliesen ansehen«, sagte sie.

Danke, Gott!

»Bis gleich.«

Ich hastete zur Heimwerker-Theke hinüber und musste hinter einem Kerl warten, der glaubte, der ganzen Umgebung seine Pofalte zu zeigen wäre völlig normal und gesellschaftlich akzeptabel. In Gedanken wiederholte ich immer wieder das Mantra »Beeil dich«, bevor ich erkannte, dass ich gar nicht anstehen musste, da ich nichts abzuholen hatte. Ich trat zurück, drehte mich um und wollte die Theke gerade verlassen.

»Da bist du ja. Schon fertig?«

Ich nickte heftig.

Emily sah hinter mich und verzog das Gesicht. »Also … wo ist der Zaun?«

Ich lachte – ein wenig hysterisch, wenn ihr mich fragt – und schüttelte den Kopf. »Das glaubst du nie.« Weil es eine Lüge war. »Sie haben ihn schon zu mir nach Hause geliefert.«

Emily neigte stirnrunzelnd den Kopf. »Wirklich?«

Ich nickte wieder.

»Machen sie das einfach so?«

Ich öffnete den Mund, um weitere Lügen zu erzählen, wurde jedoch von der Stimme des Kunden hinter mir unterbrochen.

»Entschuldige die Wartezeit, Liebes. Diese Kerle würden ohne Hilfe nicht mal ihre eigenen Schwänze finden.« Und dann hastete er davon und zerrte seine Jeans im Gehen über die Pofalte hoch.

»Pfft. Ich fand sie immer sehr effizient.« War meine Stimme normalerweise so hoch?

Emilys amüsiertem Gesichtsausdruck nach zu schließen war sie das nicht.

»Soll ich dir helfen, deine Sachen zu holen?«

Emily zeigte ihr typisches mildes Grinsen, bevor sie den Kopf schüttelte.

»Okay. Wir treffen uns beim Pick-up.« Ich rannte beinahe von ihr weg, konnte sie aber trotzdem lachen hören.

Fünfzehn Minuten später tauchte Emily mit einem Wagen voller Baumaterial auf. Nun ja, ich sage, sie tauchte damit auf, aber das stimmte nicht ganz. Sie hatte Hilfe von einer sehr attraktiven jungen Frau in *B&Q*-Uniform.

Ich verspürte einen Stich der Eifersucht, sprang aus dem Fahrerhaus und griff nach dem Wagen. »Warte, ich helfe dir.« Es ist erstaunlich, dass ich nicht das Bein hob und sie markierte.

Emily nickte und lächelte, dann wandte sie sich wieder der Frau zu, um ihr Gespräch fortzuführen, während ich alles allein in den Pick-up lud. Jeden Gegenstand hievte ich mit einem lauteren Rumms auf die Ladefläche als den letzten. Aber keine der beiden Frauen ließ sich davon stören.

»Okay, Cathy. Schön, dich wiedergesehen zu haben.«

Ich biss die Zähne zusammen.

»Wir müssen uns bald treffen, ja?«

Mein Kiefer knackte unter meiner Grimasse.

»Hey. Du hast ja schon alles eingeladen. Beeindruckend!«

Ich öffnete den Mund, um zu antworten, aber Emily drehte sich um und winkte der sich entfernenden Blondine zu. »Sie ist so eine Liebe.«

Ich formte dieselben Worte mit den Lippen und tat so, als würde ich mir den Finger in den Hals stecken.

»Bis dann, Cathy!«

Ich wiederholte meine Geste. Seltsamerweise überraschte es mich nicht, wie kleinlich und kindisch ich sein konnte. Im Gegenteil, ich genoss es.

»Fertig?«, fragte Emily heiter. »Zurück zu dir?«

Hä?

»Für den hinteren Zaun.«

»Ach ja. Der hintere Zaun«, murmelte ich.

Emily grinste wissend.

Erst als ich zur großen Belustigung von Ms. Carson den Zaun aus meinem Garten geholt hatte, kam das Thema Cathy auf. Zum Kotzen. Warum hielt Emily es für notwendig, die positiven Eigenschaften der Tussi von *B&Q* aufzuzählen? Nur weil sie Qualifikationen bis obenhin sowie ein fantastisches Auge für Immobilienentwicklung hatte und hinreißend war, bedeutete das nicht, dass Cathy alles hatte. Sie arbeitete schließlich bei *B&Q*. Und wenn ich ehrlich war, war sie gar nicht so verdammt hinreißend. Ich hatte schon schönere Frauen gesehen, obwohl die mich nicht ganz so sehr gestört hatten wie sie.

Erst als Emily erzählte, warum die perfekte Cathy bei *B&Q* arbeitete, nahm ich wieder am Gespräch teil. Ihr Ehemann war der Manager der Holzabteilung. Cathy half ihm aus. Habt ihr das mitbekommen? Ehemann. Ehe-Mann. Und dieser Ehemann war ein alter Freund von Emily, da er hin und wieder für sie gearbeitet hatte. Ja. Miss Hinreißend war hetero. Ich spürte, wie ich eine gewisse Kontrolle über meine Laune zurückbekam.

»Warum hast du mich bezüglich des Zauns angelogen?«

Und … das war's wieder mit der Kontrolle. Vielleicht war der vorige Gedanke ein klassisches Beispiel von Hochmut vor dem Fall gewesen.

»Und warum hast du mich gestern Abend nicht zurückgerufen?«

Auch das noch. Was konnte ich ihr denn sagen? *Oh, tut mir leid, Emily, ich hatte eine Beziehungskrise und habe erkannt, dass meine Mutter mich mehr denn je hasst.*

»War es der Besuch von deiner Mum?«

Verdammt, Abbie. Sie hatte besser mehr als das ausgeplaudert.

»Ich habe gehört, du und Abbie habt euch für ein zweites Fleischbüffet getroffen.«

Das lief überhaupt nicht so, wie ich wollte. »Tut mir leid. Ich … na ja, ich war schlecht gelaunt.« Ich konnte genauso gut ehrlich sein. »Ich würde lieber nicht darüber reden, wenn es dir nichts ausmacht.« Ehrlich sein war eine Sache, aber es bedeutete nicht, dass ich ihr auch alles erzählen musste. Mein Lebensmotto: *Halt den Mund, wenn du kannst.*

Zwanzig Minuten später waren wir bei unserem Fellknäuel. Ich beobachtete ihn mit Emily. Sie sahen wunderbar zusammen aus – wie sie spielten, einander jagten, sich mit dem Ball vergnügten. Ich fühlte mich aus irgendeinem Grund besonders emotional und musste so tun, als hätte ich etwas im Auge, um mich nicht zu verraten.

Und ehe ich mich versah, waren wir wieder im Pick-up und auf dem Rückweg zu Emily. Die Zeit mit Charlie schien immer kürzer zu werden, obwohl wir genauso lange dort gewesen waren wie immer. Die Zeit schien immer schneller zu laufen, je näher der Tag X rückte. Normalerweise war es andersherum, diesmal allerdings nicht. Ich hätte mich auf den Tag der Entscheidung freuen sollen, aber das tat ich nicht. Der einzige Vorteil war, dass Charlie nicht mehr in seinen Käfig zurückklettern und verlassen werden würde. Er würde entweder Emilys Haus oder meines für sich haben.

Den restlichen Tag über erwischte ich mich immer wieder dabei, wie ich zu Emily hinübersah, oder na ja, eher tagträumte. Immer, wenn ich sie ansah, empfand ich diese tiefe Sehnsucht. Es war nichts Sexuelles; es war so viel mehr. Es war, als müsste ich in ihrer Nähe sein, müsste sie irgendwie berühren, damit alles in Ordnung war. Was ich dabei empfand, war dasselbe Gefühl, das mich durchströmte, wenn ich Charlie verlassen musste. Der einzige Unterschied war, dass sie wusste, warum ich ging, und Charlie nicht. Das hielt mich allerdings nicht davon ab, mich nach ihr zu sehnen.

Ich merkte, wie ich mich mehr als einmal auf sie zubewegte, und die Worte »Würdest du auf ein Date mit mir gehen?« lagen mir auf der Zunge. Ich wollte mit ihr zusammen sein und sehen, wohin uns das führen konnte. Ich wollte, was wir nach Robs Party gehabt hatten, und mehr … so viel mehr. Ich wollte das Leben mit dem weißen Zaun und dem Fischteich und ich wollte es mit Emily Carson.

Wie ihr euch vielleicht gedacht habt, habe ich Emily an diesem Tag nicht nach einem Date gefragt. Auch nicht am nächsten Tag oder am Tag danach. Tatsächlich geschah es an dem Abend, bevor wir Charlie von *Dogs Trust* abholen sollten. Dem Abend vor der Entscheidung, bei wem er leben würde. Ursprünglich hatten wir vereinbart, dass ich sie zum Essen einlud, damit wir besprechen konnten, was geschehen würde, aber dann kam alles ganz anders.

Ich hatte ihren Garten hundesicher gemacht – die Aufgabe erledigt, für die sie mich angestellt hatte. Ich wäre schon einige Tage früher fertig geworden, zögerte es aber immer wieder hinaus, um mehr Zeit mit ihr zu verbringen. Ich wollte nicht aufhören, jeden Tag zu ihrem Haus zu fahren. Nicht weil ich es genoss, Zäune zu errichten oder ihren Boden zu ebnen. Es war Emily. Ihr Anblick. Sie zu beobachten, mit ihr zu reden und zu lachen. Jeden einzelnen Tag, an dem wir Charlie besuchten, spürte ich die Anziehungskraft von ihnen beiden, das Verlangen, so lange, wie ich konnte, genauso weiterzumachen.

Aber es war vorbei. Die Arbeit war erledigt und Charlie würde am nächsten Tag bei einer von uns leben. Es gäbe keinen Grund mehr, einander zu sehen, ob Charlie nun mit mir nach Hause kam oder nicht. Die Zeit war abgelaufen. Ich musste eine Entscheidung treffen: gehen und nie zurücksehen oder zeigen, dass ich doch ein Rückgrat hatte, und sie um ein Date bitten.

Ich würde gerne sagen, dass ich meinen Pick-up belud, in ihr Haus marschierte und sie mit meinem Charme aus den Socken haute. Aber nein. Ich belud tatsächlich meinen Pick-up, drückte mich eine Ewigkeit hinter ihrem Haus herum, wanderte durch ihren Garten und tat so, als müsste ich noch einmal überprüfen, ob er gesichert war, und dann noch einmal, während ich mich dazu drängte, sie zu fragen.

»Komm schon, Anderson. Tu es!«, zischte ich in mich hinein, während ich neben der Fahrertür des Pick-ups von einem Fuß auf den anderen trat.

Die Haustür ging auf und Emily stand auf der Schwelle und sah mich mit einem leichten Lächeln im Gesicht an. Schmutz klebte an ihrer Stirn und einige Haarsträhnen hatten sich aus ihrem Pferdeschwanz gelöst und tanzten in der Brise.

»Ich muss dich noch bezahlen«, rief sie.

Ich hatte vergessen, dass sie mich noch nicht für die Arbeit entlohnt hatte. Das zeigt ja, wie liebestrunken ich war.

»Komm rein. Trink einen Kaffee, während wir abrechnen.«

Das war mein Moment. Der Moment, an dem ich meinen Charme auspackte, oder? Der Moment, an dem ich sie einladen würde – die Zunge herausstrecken, auf der mir die Worte bereits lagen. Na ja, das vielleicht nicht. Ich würde einfach fragen. Sie fragen. Nach einem Date.

»Da bist du ja.« Sie sah sich nicht einmal um und bemerkte es trotzdem, als ich in ihre Küche trat. »Willst du einen –«

»Würdest du heute mit mir ausgehen?«

»Keks?« Sie versteifte sich und ich wollte fliehen. Langsam, zu langsam drehte sie sich um und sah mir in die Augen. »Warum?«

Warum? *Warum?* Was meinte sie mit *warum?*

»Lädst du mich gerade auf ein Date ein?«

Ich konnte ihren Gesichtsausdruck nicht lesen. Sie wirkte argwöhnisch. Ich wollte sagen: »Um Charlies Zukunft zu besprechen«, aber das wäre ein Schritt zurück von meinem ursprünglichen Plan. Ich musste aufs Ganze gehen.

»Ähm …« Ich glaube, ich habe mich nie so verletzlich gefühlt. »Würdest du Ja sagen, wenn ich sage, dass es so ist?«

»Ja.«

»Du musst nicht Ja sagen, wenn du nicht willst.«

»Ja.«

»Ja?«

»Ja.« Ein Lächeln hellte ihr Gesicht auf, bevor sie sich zurückdrehte und um den Kaffee kümmerte.

Ich reckte die Faust in die Luft, während ich mit den Lippen ein weiteres »Ja« formte. Als sie sich wieder umdrehte, hatte ich mich beruhigt. »Dann nehme ich gerne einen Keks.«

Kapitel 9

Ich sollte Emily um halb acht abholen. Bis es soweit war, verstrich die Zeit so langsam, dass es mir wie ein ganzes Leben vorkam. Gott wusste, wie ich damit fertigwerden würde, sie nicht jeden Tag zu sehen.

Erstaunlicherweise wartete Emily diesmal nicht wie üblich am Tor, als ich vorfuhr. Ich parkte und ging zu ihrer Haustür. Sie wurde geöffnet, gerade als ich sie erreichte, und ich erstarrte. Vor mir stand eine wahre Erscheinung. Ich wusste, dass Emily wunderschön war, dass mein Herz immer raste, wenn sie in der Nähe war oder wenn ich auch nur an sie dachte. Aber in diesem Moment raubte es mir den Atem. Emily war die personifizierte Schönheit und ich völlig verloren.

Sie trug eine reinweiße, langärmelige Bluse, die den Blick auf ihre Halskette freigab. Ihre Haare waren offen und wallten um ihr perfektes Gesicht. Ihre Lippen wirkten dunkler, voller, noch einladender als sonst, aber es waren ihre Augen, die mich fesselten. Ihre Augen, diese dunkelbraunen Augen, die mich mit einem Blick zu verschlingen schienen. Ich wusste, dass ich es nie satthaben würde, in ihre Tiefen zu sehen, denn mein eigenes Glück starrte aus ihnen zurück. Dieser eine Blick schien mich von der Vergangenheit zu befreien, von den Ketten, die ich mir selbst angelegt hatte.

»Bereit?« Ich konnte gar nicht glauben, dass ich tatsächlich ein Wort herausbrachte.

Sie nickte und trat vor, aber ich verstellte ihr den Weg. Ein Hauch ihres Dufts erreichte meine Nase und ich näherte mich, als hätte sie mich in ihren Bann geschlagen. Ich musste den Kopf zurückneigen, um ihr weiterhin in die Augen zu sehen. Ich wollte den Blickkontakt nicht unterbrechen, obwohl ich wusste, dass ich es sollte.

Emily neigte das Gesicht herab, ihr Atem strich über mein Gesicht und ihr Blick wurde noch verlockender, hypnotisierend. Es schien, als würde sie meinen Ausdruck lesen, mich mit einem Blick in sich aufnehmen. Näher. Es war entweder sie oder ich oder wir beide, aber wir kamen immer näher und öffneten die Lippen, als wir den Abstand überwanden.

Der Kuss war unvermeidlich, aber das bereitete mich nicht auf das Gefühl vor, das ihre Lippen auf meinen auslösten. Wir hatten uns schon geküsst, aber es war trotzdem eine wundervolle Offenbarung, als wir aufeinandertrafen.

Ich spürte ein Klicken, wie von einem Schloss, ein Vereinen einer Seele mit einer anderen. Der Kuss war weich, sanft, zärtlich, leidenschaftlich und verzehrend. Der Schock raste durch meinen Körper und eroberte jedes einzelne Molekül, das er berührte. Noch nie in meinem Leben hatte ich etwas Vergleichbares erlebt und mich dabei so gefühlt. Ich wusste, keine andere Person würde dieses Gefühl in mir auslösen können. Es war sie. Sie allein. Konnte immer nur sie sein. Meine Frau. Meine Emily.

Kalte Luft strich über mein Gesicht, als wir uns trennten, und ich spürte sofort den Verlust ihrer Nähe. Braune Augen weiteten sich, als wäre ihr gerade etwas klar geworden, und ich wusste, dass in meinen Augen derselbe Ausdruck stand.

»Ich …« Sie räusperte sich. »Ich dachte, ich würde das hinter uns bringen, sonst hätte ich den ganzen Abend lang daran gedacht, dich zu küssen.«

Ich wusste nicht, wie es ihr ging, aber ich würde definitiv mein restliches Leben lang daran denken.

»Eine gute Idee.« Warum konnte ich nicht etwas so Hinreißendes sagen wie sie – statt *Eine gute Idee*? Auch wenn ich keine romantische Vollidiotin gewesen wäre, hätte dieser Kuss meinen Kopf leergefegt.

»Wollen wir?« Emily lehnte immer noch über mir und hatte den Kopf geneigt, als wollte sie mich wieder küssen. Sie war magnetisch, magisch, fesselnd und ich spürte ihre Anziehungskraft überdeutlich. Ein zweiter Kuss, vergleichsweise keusch, aber vielversprechend. Abgesehen von unseren Lippen hatten wir einander nicht berührt. Wir hielten uns nicht an den Händen, obwohl meine immer wieder in ihre Richtung wanderten.

Als sie zurückwich, dauerte es einige Augenblicke, bevor ich die Augen öffnen und sie ansehen konnte. Ich wollte den Moment in die Länge ziehen, ihn mir ins Gedächtnis einprägen. Ich hörte sie kichern und öffnete die Augen.

»Du siehst süß aus.«

Süß? Ich hatte eher auf »unwiderstehlich« abgezielt.

»Komm.« Ihre Hand nahm meine und sie führte mich zu meinem Pick-up.

Den ganzen Abend lang starrte ich auf ihre Lippen. Nun ja, auf ihre Lippen, ihre Augen und ihre Hände, bevor ich nervös wurde und Mist redete, um davon abzulenken.

Es war erstaunlich, dass ich versucht hatte, meine Gefühle für sie zu unterdrücken – seit unserer ersten Begegnung waren sie unvermeidlich gewesen. Ich hatte ein Klicken gespürt, eine Verbindung, schon als sie mich bei *Dogs Trust* zu Boden gedrückt hatte. Aber ich hatte alle Gedanken daran, mit ihr zusammen zu sein, von mir geschoben, weil ich zu große Angst davor gehabt hatte, zurückgewiesen oder wieder verlassen zu werden.

Jetzt war es zu spät dafür. Es war schon zu spät gewesen, als ich sie und Charlie zum ersten Mal gesehen hatte. Ich hatte beide in mein Leben gelassen, aber gleichzeitig geglaubt, dass ich sie nicht beide haben konnte. Das stimmte nicht. Ich konnte Eiscreme *und* Nüsse haben, wie meine Schwester gesagt hatte. Sie hatte es zwar an unsere Szene im Pub angepasst, aber gewusst, dass ich erkennen würde, was sie eigentlich meinte. Ich konnte sie vielleicht nicht sofort haben, aber das würde sich ergeben. Es würde eine Zeit in der nahen Zukunft geben, zu der ich rund um die Uhr mit Emily zusammen wäre und Charlie unser Hund sein würde – nicht ihrer, nicht meiner, sondern unserer.

Ich glaube, meine nächste Bemerkung kam auch für mich überraschend. »Ich finde, Charlie sollte bei dir leben.«

Ihre Gabel stoppte auf halbem Weg zu ihrem Mund und das Essen wankte gefährlich.

»Du bist seine Mum.«

Klink. Die Gabel traf auf den Teller.

»Elles.«

Hatte sie mich je zuvor Elles genannt? Das hätte sie tun sollen. Es klang sanft, beruhigend.

»Ich habe schon vor Wochen erkannt, dass Charlie zu dir gehört«, sagte sie unglaublich sanft.

»Nein, ich –«

»Doch. Er ist definitiv dein Junge.«

»Aber –«

»Aber warum habe ich ihn dann weiterhin jeden Tag besucht?« Sie lachte leise. »Ganz einfach: damit ich mit dir zusammen sein konnte. Mit euch beiden.«

Mein Mund klappte auf. Um mit mir zusammen zu sein? Mit uns beiden? Hatte sie abgesehen von der Szene auf dem Sofa je etwas anderes als Freundschaft für mich gezeigt? Bilder davon, wie sie mich ansah, wie sie mit mir sprach, wie wichtig es ihr war, wie ich mich fühlte, fluteten meine Gedanken. Doch. Das hatte sie. Sie hatte mir immer das Gefühl gegeben, etwas Besonderes zu sein, obwohl ich es damals nicht bemerkt hatte. Ich war zu beschäftigt damit gewesen, mich wie ein Dummkopf zu verhalten.

»Jetzt fühle ich mich blöd.« Sie errötete.

»Warum blöd?«

Sie kicherte verlegen, während sie mit ihrer Serviette spielte. »Weil ich dir gerade gestanden habe, dass ich mich in dich verliebe … es nicht ertragen kann, ohne dich zu sein.«

Sie sah überallhin, nur nicht zu mir, also lehnte ich mich vor und hob ihr Gesicht mit den Fingerspitzen an. »Nur, damit du es weißt, ich bin schon verliebt.«

Ihre Augen schimmerten. Sie versuchte, wieder zu lachen, aber es klang eher wie ein Schluchzen. Eine einzelne Träne lief ihre Wange hinab. Ich strich sie weg und fuhr mit dem Daumen über ihre Lippe. Sie bebte.

Emily hob die Hand und ergriff meine. »Du weißt nicht, wie lange ich schon darauf warte, dass du das sagst.«

»Und du weißt nicht, wie lange ich es schon sagen wollte.«

Es stimmte, obwohl ich es nicht erkannt hatte. Ich fühlte mich, als wäre ein großes Gewicht von meinen Schultern genommen, und konnte zum ersten Mal seit Jahren frei atmen.

»Nachtisch?«

Wir hatten nicht einmal bemerkt, dass die Kellnerin direkt neben uns stand, und auch nicht, dass der Tisch abgeräumt worden war.

Ich lächelte sie an, bevor ich Emily zunickte. »Ich weiß ja nicht, wie es dir geht, aber ich will einen Eisbecher. Mit Nüssen *und* Schokosoße.«

Sie runzelte verwirrt die Stirn, aber grinste gleichzeitig.

Es musste daran liegen, wie ich mein Verlangen nach Eiscreme beinahe hinausgeschrien hatte.

Der restliche Abend verlief ebenso perfekt. Wir besprachen ihre Entscheidung, mir Charlie zu überlassen, und egal, was ich sagte, sie wies alle Argumente zurück. Ihrer Meinung nach gehörte er zu mir und das war alles. Jeder, der uns zugehört hätte, hätte gedacht, dass wir den kleinen Mann beide nicht wollten, aber nichts war weiter von der Wahrheit entfernt.

Auf der Heimfahrt spürte ich, wie die Schmetterlinge ihren Tanz wieder begannen. Vieles war geschehen und ich wusste, dass die Zukunft voll mit ebenso vielversprechenden Dingen sein würde. Aber das, was mich gerade am meisten beschäftigte, war, was passieren würde, wenn ich sie zu ihrer Tür begleitete … der Kuss, den wir teilen würden, bevor ich sie verließ. Wenn er so war wie die Küsse, die wir schon den ganzen Abend über teilten, wusste ich, ich würde nach Hause schweben.

Als ich anhielt, wartete Emily nicht im Fahrerhaus. Sie stieg sofort aus und lehnte sich dann noch einmal durch das Fenster hinein. »Kommst du auf einen Kaffee ins Haus?«

Mein Blut wurde heiß und mein Mund trocken. Als sie mich zum letzten Mal auf einen Kaffee hineingebeten hatte … hatte ich, hatten wir … Wein getrunken. Nein. Das hatte ich nicht gemeint. Ich hatte gemeint – als sie mich zum letzten Mal auf einen Kaffee hineingebeten hatte, hatten wir uns geküsst, waren intim geworden und hatten beinahe Sex auf dem Sofa gehabt. War ich bereit dafür? Ich meine, Abbie hatte gesagt: »Wenn es nur Sex ist, dann ist es nur Sex«, aber mit Emily wäre es nicht einfach nur Sex. Unmöglich. Es wäre so viel mehr.

»Ich beiße auch nicht.«

Ein Teil von mir hoffte, dass sie das doch tat. Ich lächelte und nickte, bevor ich den Motor abstellte. Ich hatte nicht einmal gewusst, dass ich mehrere Dinge gleichzeitig tun konnte. Erstaunlich, welche Wirkung die richtige Frau ausüben konnte.

Emily war an meine Seite des Autos getreten und streckte die Hand aus. Als ich sie ergriff, spürte ich das vertraute Knistern zwischen uns und hielt ihre Finger fest.

Sie führte mich zum Haus, ging direkt in die Küche und füllte den Wasserkocher auf, während ich in der Tür stand und jede ihrer Bewegungen beobachtete. Ich wollte keinen Kaffee; ich wollte Wein; ich wollte sie. Sie und nur sie. Es erschien mir nicht so, als hätte ich mich tatsächlich bewegt, aber in dem einen Moment stand ich in der Tür und im nächsten drehte ich sie zu mir um und legte die Arme um ihren Hals. Als ich in ihre Augen sah, wusste ich, dass ich die richtige Entscheidung getroffen hatte. Darin funkelte dasselbe Gefühl, das auch aus meinen sprach. Das Verlangen füreinander.

Dieser Kuss war nicht keusch oder weich oder zärtlich; er war besitzergreifend. Diesmal hielt er nichts zurück. Diesmal versprach er die Ewigkeit.

Meine Hände glitten in ihre Haare und hielten sie fest, zogen sie daran zu mir.

Ihre Arme legten sich um meine Taille und dann strichen ihre Hände meinen Rücken hinauf.

Unsere Körper waren aneinandergedrückt, aber es war nicht genug. Ich wollte mehr.

Ich löste mich von ihr und murmelte: »Emily?«

Mehr brauchte sie nicht. »Komm.«

Sie führte mich zur Treppe, wobei sie mehrere Male stehen blieb, um zu meinem Mund zurückzukehren. Ihre Hände strichen über die

Knöpfe meiner Bluse, öffneten einen nach dem anderen, bis der Stoff sich teilte. Emily wich zurück und sah mich an, Lust verdüsterte ihre Augen. Ein schlanker Finger fuhr die Kurve meiner Brust nach, was mir ein Stöhnen entlockte. Sie nahm meine Brust in die Hand und drückte gerade fest genug zu. Meine Brustwarzen waren aufgestellt und bereit für sie und das Gefühl, von ihr gehalten zu werden, überwältigte mich beinahe. Ich spürte, wie meine Brustwarze sich ihr durch meinen Seiden-BH hindurch entgegenstreckte, legte die Hand auf ihre und drückte sie fester an mich.

Der Blick aus braunen Augen huschte hoch und traf meinen, unsere Atmung war schwer. Ihre Lippen schimmerten in dem trüben Licht und ich musste sie wieder kosten, musste diese verlockenden Lippen mit meinen einfangen. Also drückte ich sie an mich und klemmte ihre Hand zwischen unseren Körpern ein.

Als wir ihr Schlafzimmer erreichten, war meine Bluse verschwunden. Ich versuchte, ihr Oberteil aufzuknöpfen, aber meine Hände funktionierten nicht so, wie sie sollten. Sie zitterten, wollten mir nicht gehorchen.

Emily schob sie beiseite. »Ich mache das.«

Ich trat zurück und beobachtete, wie sie mühelos jeden Knopf durch die kleinen Löcher führte. Ich konnte den Blick nicht abwenden, als sie die weiße Bluse abstreifte und starke Schultern, die Hügel ihrer Brüste und einen straffen, flachen Bauch entblößte.

Mein Mund war staubtrocken. Ich streckte die Hand aus und fuhr mit einem einzelnen Finger an ihrem Schlüsselbein entlang, dann tiefer über ihr Dekolleté und ihren Bauch hinab. Ich spürte, wie ihre Muskeln zuckten, und hörte, wie ihre Atmung angestrengt wurde. Als ich kühles Metall berührte, merkte ich, dass ich an dem Knopf ihrer Hose angekommen war. Ich sah in ihre Augen und ihre Brauen wanderten leicht in die Höhe.

Plopp. Offen. Dann zog ich den Reißverschluss langsam, so langsam hinab.

Das war nicht vergleichbar mit unserer fiebrigen Begegnung auf dem Sofa. Oh, ich wollte sie; ich wollte sie so sehr. Aber hier ging es nicht um wildes Befriedigen unseres Verlangens wie beim letzten Mal; es war kein hektisches Herumfummeln. Es war so viel mehr.

Ich zog sanft an dem Stoff und war überrascht, als die Hose gleich auf den Boden fiel. Emily trat mit einer Bewegung heraus und schob sie zur Seite, sodass sie lediglich in BH und Slip dastand.

Ich trat zurück, um den Anblick zu bewundern. Emily Carson war mehr als bezaubernd und wenn ich je Worte finden würde, die ihrer Schönheit gerecht werden konnten, würde ich zweifellos als Genie gelten.

Das Licht aus dem Flur warf einen Schatten seitlich über ihr Gesicht. So sah Begierde aus. Und der Anblick machte süchtig.

Ich zog schnell Schuhe und Hose aus und trat näher an sie. Meine Hände liebkosten ihren Bauch und lagen dann an ihren Brüsten. Weich, straff, geschmeidig. Das Gefühl ihrer Brüste an meinen Händen war unbeschreiblich. Ihre Brustwarzen streiften meine Handflächen, als ich sanft zudrückte.

Ihre Hände waren hinter meinem Rücken und hakten meinen BH auf. Die Riemen fielen von meinen Schultern und der BH gesellte sich zu den Kleidungsstücken, die wir hinter uns zurückließen.

Ich spielte mit dem Spitzensaum ihres Slips, bevor ich den seidigen Stoff über ihre starken, muskulösen Beine hinab zog. Ich kniete mich vor sie und küsste nacheinander beide Schenkel, bevor ich mich langsam nach oben arbeitete, ermutigt von den Lauten, die sie ausstieß, und berauscht davon, wie ihre Finger durch meine Haare strichen.

Ihr Duft allein war wie eine Droge und vor Erwartung lief mir das Wasser im Mund zusammen. Sie roch so verdammt gut. Ich schob ihre Schenkel auseinander, drückte den Mund an ihre empfindlichste Stelle und küsste sie sanft. Sie stöhnte. Noch ein Kuss, dann konnte ich mich nicht mehr zurückhalten, musste in sie eindringen. Mit einem leichten Stoß teilte meine Zunge ihre Schamlippen und ich erreichte ihre Feuchtigkeit. Der Geschmack trieb mich dazu, das Gesicht ganz in ihrer Hitze zu vergraben und ihre köstliche Essenz zu genießen.

Starke Finger packten meine Haare und drückten mich fester in sie. Sie raunte immer wieder meinen Namen, während ich sie leckte, tiefer und tiefer, und meine Hände zogen sie noch näher.

Als sie plötzlich zurücktrat, stolperte ich nach vorne und öffnete blinzelnd die Augen. Hatte sie ihre Meinung geändert? Wollte sie mich nicht so sehr, wie ich sie wollte?

Starke Hände glitten unter meine Arme und zogen mich auf die Füße. Heiße Lippen fingen meine ein. Jede Erwartung, uns Zeit zu nehmen, flog zum Fenster hinaus, als sie in meinen Mund knurrte. Sie drehte sich um und führte mich rückwärts zum Bett. Ich hatte mich gerade hingelegt, als sie schon auf mir war und an meiner Unterwäsche zerrte. Als die weg war, teilte Emily meine Beine mit den Knien, schob sich zwischen sie und drückte ihren Körper gegen meinen. Noch ein Stoßen, noch ein Stöhnen; ihre Lippen auf meinen. Ich packte ihren Hintern und zog sie an mich, genoss es, ihren ganzen Körper auf mir zu spüren, liebte ihre Feuchtigkeit, die sich bei jeder Bewegung mit meiner vermischte.

Ich brauchte sie in mir, musste spüren, wie sie die Finger zwischen meine Beine schob und sich an mir rieb, sich meiner Öffnung näherte und mich erfüllte.

Emily bebte und ich wusste, dass es Lust war, nicht Angst. Sie versuchte, langsamer zu machen, versuchte, unser erstes Mal perfekt und träge und zärtlich zu machen, aber wir waren beide zu erregt dafür.

Ich musste ihre Kraft spüren, wenn sie in mich eindrang; ihren Blick voller Verlangen sehen, wenn sie mich ansah und hart fickte, wenn sie mich nahm und für sich beanspruchte.

Ich hob die Knie, um mich weiter zu öffnen, sie einzuladen.

Emily löste das Gesicht von mir und lehnte sich zurück. Ihre Hände strichen zärtlich an mir hinab, bis ihre Finger zwischen meine Beine griffen und die Stelle erreichten, an der ich sie brauchte. Sie neigte den Kopf, als wollte sie um Erlaubnis bitten, und ich antwortete mit einem Stoß meiner Hüften.

Anstatt in mich einzudringen, strich sie über meine Feuchtigkeit hinweg und neckte dabei meine Klitoris. Sie hob eine Braue und schenkte mir das leichte Lächeln, das ich so sehr liebte. Sie senkte den Kopf, nahm eine Brustwarze in den Mund und saugte. Ich bäumte mich auf und ihre Finger drangen dadurch fast in mich ein. Aber nein. Sie zog sie weg und neckte meine Klitoris weiterhin mit dem Daumen, während sie meine Brust mit dem Mund bearbeitete. Ich stieß erneut, in der Hoffnung, dass sie sich meiner erbarmen und mir Erleichterung bringen würde. Wieder glitt sie mit den Fingern gegen meine Öffnung, weigerte sich aber, weiterzugehen.

Ein Lächeln trat auf mein Gesicht. Dieses Spiel konnten zwei spielen. Mit einer Bewegung lag sie auf dem Rücken und ich saß rittlings auf ihr. Ihre braunen Augen blickten überrascht. Ich nahm ihre Hände und drückte sie an ihre Seiten, bevor ich mit dem Mund über ihren Körper hinabwanderte und mit voller Absicht ihre Brüste dabei ausließ. Emily stöhnte und versuchte, mich zu ihnen zurückzuführen, aber ich hielt ihre Handgelenke fest.

Ich war wieder dort, wo ich sein wollte, auf ihr und bereit zu beenden, was ich angefangen hatte. Als ich den Blick hob, sah Emily mit erwartungsvoller Miene auf mich herab. Ein leichter Atemzug von mir kühlte ihre heiße Haut ab und ich spürte, wie sie sich unter mir wand. Ich grinste sie an, als ich den Kopf senkte und dabei ihren Blick festhielt. Wieder schob ich die Zunge zwischen ihre Lippen; schob sie hinein und zog sie dann wieder heraus.

»Gott!«

Emilys Lider flatterten, aber sie hielt den Blick auf mich gerichtet. Ein Schnippen entlockte ihr ein Keuchen und ein Zucken mit den Hüften meinen Namen.

Ich öffnete den Mund und nahm sie ganz, dann neckte ich ihre harte Knospe mit der Zunge. Ich gab ihre Hände frei und sie glitten in meine Haare und zogen mich an sie. Ihr Duft war berauschend, herrlich berauschend und ich fühlte mich, als würde fallen. Mit den Händen an ihren Hüften vergrub ich meine Zunge noch tiefer in ihr. Ich spürte, wie ihre Öffnung mich reizte, und wusste, dass ich in ihr sein musste. Sie so langsam zu umkreisen war die reinste Folter.

Emily versuchte zu sprechen, aber Worte waren an mir verloren … und an ihr verloren, da sie nur undeutliches Gemurmel herausbrachte.

Hinein. Langsam und stetig. Ich wartete kurz ab, bevor ich die Zungenspitze nach oben bewegte. Ich liebte es, wie sie mit den Hüften gegen mein Gesicht stieß. Sie schmeckte noch besser als erwartet. Wobei die Erlösung, sie endlich zu kosten, sicher zu meinem Glücksgefühl beitrug.

Hinaus. Und sie bedürftig zurücklassen.

Hinein. Noch tiefer.

Hinaus. Um Luft zu holen.

Der Rhythmus, in dem ich sie nahm, wurde verstärkt von ihren Hüftbewegungen, ihrem Unterleib und ihren Beinen, die sie in die Matratze drückte.

»Mehr. Bitte, Elles. Mehr. Ich brauche mehr von dir.«

Zwei Finger ersetzten meine Zunge; Emily belohnte mich mit einem einladenden Beben, als meine schlanken Finger eindrangen. Ich zog sie langsam heraus und stieß sie dann kräftiger wieder in sie. Ich wollte sie weiterhin verschlingen, während ich sie mit den Fingern nahm, aber Emily zog mich für einen Kuss an sich hoch und ich schob meine Finger dabei tiefer in sie. Wir bewegten uns im Takt und unsere Haut war schweißbedeckt, was bewirkte, dass unsere Körper mühelos aneinanderrieben. Sie war so feucht, so verdammt feucht. Sie strahlte Hitze in Wellen aus und ich war völlig in ihrem Bann, als sie um meine Finger herum pulsierte.

Ich zog meine Hand zurück, doch spürte, wie sie den Körper zu meiner Hand bewegte. Sie erstarrte kurz, als ich mit drei Fingern vor ihrem Eingang zurückkehrte. Ich hatte keine Zeit, um Erlaubnis zu bitten. Emily packte mein Handgelenk und schob sie tief hinein.

»Gott! Ja!«

Ihre Hände zerrten, packten, zogen mich an sich, während ich Emily nahm, sie für mich beanspruchte, sie zu meiner Frau machte, uns vereinte. Ich setzte die Hüften ein, um meine Hand noch tiefer in sie zu schieben, und genoss die Laute, die sie ausstieß. Meine Bewegungen wurden schneller und ich ging tiefer, während der pulsierende Rhythmus, das Verlangen, sie kommen zu spüren, alles andere verdrängte.

Wir waren so kurz davor, verschmolzen beinahe miteinander. Ihre Hände packten meinen Hintern, zogen mich hart hinab und quetschten dabei fast meine Hand. Es war mir egal. Ich war darüber hinaus, mich um irgendetwas zu kümmern als um sie und darum, sie zu lieben. Sie zu lieben. Sie zu *lieben*.

»Ich liebe dich, Emily.«

Die Worte hatten gerade meine Lippen verlassen, als sie kam und meine Hand mit ihrer feuchten Lust bedeckte. Laut stöhnend bezeugte sie, dass sie mich auch liebte.

Zu sehen, wie Emily den Kopf zurückgeneigt hatte und ihre Halsmuskeln sich spannten, bewirkte, dass ich mich beinahe zu ihr in das blendende, sengende Licht an diesen wundervollen Ort gesellte. Aber ich konnte nicht. Oder ich wollte nicht. Ich war zu gefesselt von ihr; zu gefesselt von meinem Liebesgeständnis, von ihrer lusterfüllten Antwort. War es nur eine spontane Eingebung gewesen, die die Worte herausgebracht hatte? Oder vielleicht lag es am Orgasmus. Für sie, nicht für mich.

Meine Finger waren noch tief in ihr und ich spürte, wie die Nachbeben ihres Orgasmus um meine Finger pulsierten, als ich mich ihren Bauch hinaufküsste. Ich hielt inne, um eine Brustwarze einzufangen und zu küssen.

Emily streichelte meinen Rücken, meine Haare, meine Wange und ich wusste, dass sie mich dabei ansah. Ich hob den Kopf, gab ihre Brustwarze frei und stützte das Kinn auf ihre Brust, um bewundernd zu ihr hochzublicken.

»Ich liebe dich so sehr, Ellie. So sehr«, sagte sie leise, aber leidenschaftlich. Ihr Daumen strich über meine Augenbraue, sodass meine Lider flatterten. »Ich glaube, ich habe mich in dich verliebt, als ich dich zum ersten Mal mit Charlie gesehen habe.«

Ich runzelte die Stirn, als ich an unsere erste Begegnung dachte – und wie sie mich attackiert hatte, um Charlies Ball zurückzubekommen. Das war bestimmt nicht, wie jemand handeln würde, dem gerade der Kopf verdreht worden war. Abgesehen von wortwörtlich. Aber das hatte sich geändert. Mein Stirnrunzeln wich einem Lächeln.

»Ich wusste, dass eine Frau, die ihn so sehr lieben konnte wie ich, ganz besonders war – eine Frau, die aufrichtig und mit ganzem Herzen liebt.« Emily beugte sich vor und küsste meine Stirn. »Und ich hatte recht.«

Wie konnte sie das sagen? Ich war so lange verbittert über die Liebe und das Leben gewesen, dass sie auf keinen Fall bei unserer ersten Begegnung so positive Eigenschaften in mir hätte sehen können. Ein Kloß der Emotionen bildete sich in meiner Kehle und hielt mich davon ab, zu antworten.

Emily lachte und sah mich mit ihren herrlichen Augen fest an. »Du glaubst, du bist tough, Anderson, aber …« In einer fließenden Bewegung lag ich auf dem Rücken und meine Finger waren aus Emily herausgeglitten. »Du bist … so weich wie Butter.«

Ihre Stimme war ein Knurren und ich spürte, wie Erwartung mich durchflutete. Ihr Mund fand meinen und alle meine Gedanken waren wie weggezaubert.

Ich schlang die Beine um sie und spürte, wie ich vom Bett gehoben und dann wieder auf die Matratze gedrückt wurde. Ihre Lippen waren an meinem Hals, küssten und knabberten sich über meine empfindliche Haut. Emily fühlte sich gut an. Das hier fühlte sich gut an. Alles fühlte sich wundervoll an. Aber ich brauchte mehr. Brauchte es, dass sie mich nahm und für sich beanspruchte, mich von außen und von innen liebte.

Es gab kein Zögern, als sie eindrang. Braune Augen hielten meinen Blick und sie war in meinem inneren Heiligtum, bewegte die Lippen, als wollte sie sprechen, ohne aber Worte zu formen. Sie war so tief in mir, so tief, aber ihre Finger hielten still. Es war, als würde sie abwarten, bis ich bereit für sie war, aber ich war mehr als bereit. Ich war schon so lange bereit für sie. Emily zog sich heraus und stieß wieder in mich. Als sie die Finger krümmte, keuchte ich auf. Ich wollte sie festhalten, in mir gefangen halten. Ich wollte wissen, dass sie immer bei mir sein würde.

Das Tempo wurde schneller und jeder Stoß dringlicher, eine süße Qual. Ihre Haare strichen sachte über meine Haut und verursachten eine Gänsehaut. Emily packte meine Hand und führte sie zärtlich an ihre Wange. Sie war dicht über mir, ihre Lippen so nah und doch unmöglich zu erreichen, die braunen Augen auf meine gerichtet, während sie mich nahm. Ich umklammerte ihre Finger und sie nutzte meine eigene Kraft, um tiefer zu stoßen, härter, mich in Besitz zu nehmen.

Ich spürte, wie meine Nägel sich in ihre Hand und ihren Rücken gruben. Emily stieß heftiger und noch tiefer in mich. Unsere Atmung kam unregelmäßig, angestrengt; unsere Vereinigung war hemmungslos, wild, perfekt. Wir stießen Laute aus – Stöhnen, Keuchen, Wortfetzen. Ich spürte das Brennen dieser flüchtigen Empfindung, das freudige Kribbeln meines Orgasmus, der durch mich hindurchraste, um mich zu vervollständigen.

Ich kam, keuchte meine Liebe für Emily in ihren Mund, als heiße, berauschende Küsse unsere Verbindung besiegelten. Ich spürte, wie sie sich einen Moment lang verkrampfte, bevor sie zum zweiten Mal kam. Als die Nachbeben des Orgasmus mich durchströmten, bebte mein Körper selig. Unsere Küsse wurden träge, blieben jedoch hitzig und voller Sehnsucht. Ein Mund auf dem anderen, während unsere Hände frei waren und die Kurven und Feuchtigkeit befriedigter Körper zu erkunden.

Ich spürte Tränen aufkommen, als ich die Augen öffnete und Emily ansah. Ich weiß nicht warum, denn ich fühlte ich mich so geliebt wie noch nie in meinem Leben. Tränen des Glücks, schätze ich. Ein Gefühl, das ich ständig haben würde, jetzt, da Emily in meinem Leben war.

Wir liebten uns die ganze Nacht lang und jedes Mal war ebenso perfekt wie das erste. Sie zu lieben, zu nehmen, zu kosten und zu befriedigen … Noch nie in meinem Leben hatte ich so für jemanden empfunden und war sicher, dass meine Gefühle für sie sich nie ändern würden. Sie war unter meine Haut gesunken, in jede Schicht. Ihre Seele war mit meiner verbunden; es war unvorstellbar, nicht mit ihr zusammen zu sein. Sie war mein, ebenso wie ich ihr gehörte. Wir waren füreinander bestimmt. Jeder Kuss, jedes Streicheln, jedes Liebkosen und jeder Blick sagten mir das. Ich liebte sie und sie liebte mich. Das war alles, was zählte.

Ich wachte so spät auf wie seit einem Monat nicht mehr, und war zufrieden, sogar glücklich mit meinem Leben. Mein Kopf lag auf Emilys Brust und ich spürte ihren gleichmäßigen Atem, während sie schlief. Ich zeichnete eine Spur an ihrem Schlüsselbein entlang und nutzte die Gelegenheit, sie nackt im Morgenlicht zu betrachten. Sie war so atemberaubend, dass ich es gar nicht fassen konnte. Sanft küsste ich die Kurve einer Brust.

Sie murmelte etwas und legte das Kinn auf meinen Scheitel, dann schloss sie den Arm fester um mich und zog mich an sich.

Ich sah die blassen Flecken auf ihrer Haut und errötete, als ich mich an gestern Nacht erinnerte. Emily Carson hatte mich definitiv für sich beansprucht und umgekehrt … soweit ich das sagen konnte. Ich hoffte, dass sie heute Morgen noch genauso empfand.

Zeit für Zweifel.

Würde sie denn noch genauso empfinden? War ich genug für sie? War gestern Nacht tatsächlich so gewesen, wie sie mir erschienen war, oder war es nur meine Wunschvorstellung gewesen? Sie hatte mir gesagt, dass sie mich liebte, hatte sogar ihre Gründe erklärt, aber was, wenn sie jetzt im hellen Tageslicht mein wahres Ich sah? Das Ich, das meine Eltern für eine Versagerin und für verdorben hielten. Ein Funke der Verzweiflung entzündete meine Ängste und ich wollte flüchten.

»Ich liebe dich, Ellie.«

Es war, als hätte sie meine Gedanken gelesen. Es war perfekt und ich spürte, wie ich mich wieder an ihrer Seite entspannte. Ihre Hand strich meinen Rücken hinab und entfachte einen Funken der Lust. Das überraschte mich; ich hatte gedacht, wir hätten uns in der Nacht völlig erschöpft.

Emilys braune Augen waren geöffnet und betrachteten mich aufmerksam. Sie senkte den Kopf, küsste mich zärtlich und der Funke explodierte zu einem ausgewachsenen Feuer. Emily vertiefte den Kuss. Er war immer noch zärtlich, beinhaltete aber einen Aspekt der Entschlossenheit.

Dann war sie auf mir, ein Bein über mich geworfen, und ihr Körper drückte gegen meinen. Sie bewegte sich langsam, die Lippen noch auf meinen liegend. Ich hob das Bein an, um mich näher an sie zu drücken, und schlang das andere um sie, um den Druck zu erhöhen. Unsere Lippen trennten sich und wir sahen einander einfach nur in die Augen, während wir uns gegeneinander bewegten.

Das war kein Sex. Das war Liebe. Wir liebten uns. Zärtlich. Drängend zärtlich. Mit aufeinander gerichteten Blicken und Herzen, die bis zur Kehle pochten, kurz davor, unter der Vollziehung unserer Verbindung zu zerspringen. Wir brauchten weder Finger noch Zungen; alles, was wir brauchten, waren wir und der intime Kontakt zwischen zwei Liebenden.

Als wir kamen, kamen wir gemeinsam. Unsere Herzen, unsere Köpfe, unser alles. Wir hielten Blickkontakt, und kamen erleichtert wieder zu Atem; unsere Lippen nur wenige Zentimeter voneinander entfernt, ehe ein Kuss alles besiegelte. Perfekt. So perfekt. Genau wie sie.

Um halb elf waren wir mit einer neuen Leine und einem roten Ball bei *Dogs Trust*.

Charlie wartete bereits auf uns, als wir ankamen. Es war, als wüsste er, dass wir heute früher da sein würden, als wüsste er, dass heute der erste Tag vom Rest seines Lebens begann. Ich fragte mich, ob er ahnte, dass es sich für mich genauso anfühlte. Wahrscheinlich. Er war ein schlauer Junge.

Ich befestigte die Leine an seinem Halsband und Charlie ging in die andere Richtung als bei seinem üblichen Spaziergang zur Hintertür hinaus. Er ging zum Vordereingang, wo wir meinen Pick-up geparkt hatten. Erstaunlicherweise wusste er, welches Fahrzeug meines war, schon bevor ich ihn dorthin führte. Er zuckte nicht mit der Wimper, als ich die Hundetasche auf der Rückbank öffnete. Er sprang glücklich hinauf, um sich auf seine neue Decke und sein Bett zu setzen.

»Wie es aussieht, kennt hier jemand seinen Weg nach Hause.« Charlies Betreuerin Sharon lachte, während sie sich hineinlehnte und ihm liebevoll den Kopf tätschelte. »Du hast jetzt zwei Mamas, Kumpel.«

Woher wusste sie das? Ich wandte mich zu Emily um, die mich mit solcher Liebe anlächelte, dass Sharon schon blind sein müsste, sie nicht zu sehen.

»Gut zu sehen, dass ihr zwei eure Differenzen beigelegt habt. Charlie braucht so viel Liebe, wie er kriegen kann.«

Sie musste sich keine Sorgen machen. Er würde genug Liebe für ein ganzes Leben bekommen. Da war ich mir sicher.

Epilog

Sieben Monate sind bereits vergangen, seit wir unseren kleinen Mann von *Dogs Trust* abgeholt hatten, und jeder Tag ist ein Abenteuer. Die meisten gut. Wir wollen nicht erwähnen, wie meine liebste Pflanze unsanft ausgegraben wurde. Nein, nicht von Charlie. Von Emily. Sie hielt sie für Unkraut.

Aber abgesehen davon sind Emily und ich uns näher als je zuvor. Das Leben mit ihr ist *fast* perfekt. Der einzige Nachteil ist, dass wir nach wie vor getrennt leben, doch das wird sich bald ändern. Nein, ich ziehe nicht bei ihr ein und sie zieht nicht bei mir ein. Wir werden gemeinsam ein Haus kaufen, mit einem riesigen Garten und einer Menge Potenzial. »Potenzial« bedeutet, es erfordert noch eine Menge Arbeit – etwas, das uns beide nicht schreckt. Eine Landschaftsgestalterin und eine Immobilienentwicklerin sollten das schon schaffen, oder?

Als ich diese Geschichte begonnen habe, habe ich erwähnt, wie ich mich zum ersten Mal verliebt habe. Jetzt wisst ihr, dass ich gelogen habe. Ich habe Toby ausgelassen – wahrscheinlich nur, um eure Aufmerksamkeit zu bekommen, da ich nicht wollte, dass diese Geschichte voll mit Trauer um meine erste verlorene Liebe ist. Versteht mich nicht falsch, Toby ist immer noch hier drin, tief in meinem Herzen, aber jetzt kann ich an ihn denken, ohne unter seinem Verlust zu leiden. Was ich euch zeigen wollte, ist eine Entwicklung: wie Liebe aufblüht und wie ich meine Trauer, meine Wut, meinen Widerwillen dagegen, die Liebe wieder hereinzulassen, überwunden habe.

Meine Eltern hassen mich immer noch. Das ist etwas, mit dem sie umgehen müssen, nicht ich. Will oder brauche ich sie in meinem Leben, wenn sie nicht akzeptieren können, wer ich bin oder wen ich liebe? Nein.

Etwas, das ich gelernt habe, ist, dass wir sein müssen, wie wir sind, nicht, wie andere sich uns wünschen. Ich hatte nicht vor, lesbisch zu sein, hatte nicht vor, ihre Wünsche zu missachten. Das bin nun mal ich: Ellie Anderson, Lesbe.

Homosexualität definiert mich auch nicht. Liebt Charlie mich weniger, weil ich lesbisch bin statt hetero? Kümmert es ihn, ob ich reich oder arm bin? Nein. Er liebt mich so, wie ich bin. Vielleicht werden die Leute sich eines Tages eine Scheibe von ihm abschneiden und über Alter, Gewicht, Intellekt, Religion, sexuelle Orientierung, körperliche Einschränkungen, Hautfarbe und alles andere hinwegsehen, das nicht zu ihrem Bild des »perfekten Menschen« in dieser großen, diversen Welt passt, in der wir leben.

Es stimmt, dass ich nicht nach Liebe gesucht habe, dass ich nie vorhatte, so gründlich in den Bann dieses hinreißenden Jungen und dieser wunderbaren Frau zu geraten. Es stimmt auch, dass ich nicht gegen meine Gefühle für Charlie angekämpft habe. Warum habe ich also dagegen angekämpft, was ich für Emily empfinde? Liegt es wirklich daran, dass ich geglaubt habe, nicht beide zugleich haben zu können? Oder war es schlicht und einfach die alte Angst davor, mich zu öffnen und wieder verletzt zu werden?

Jemand Geliebten zu verlieren ist furchtbar, egal, ob Tier oder Mensch. Die Trauer kommt in Wellen und überrascht einen genau dann, wenn man glaubt, dass es einem gut geht. Nichts kann uns darauf vorbereiten. Es gibt keine Kurse, die man machen kann, die einen auf Verlust vorbereiten und er kommt auf vielerlei Art und Weise. Es tat weh, die Liebe meiner Eltern zu verlieren. Es war wie ein Schlag in den Magen. Aber ich konnte nie und werde nie verlieren, wer ich tief im Inneren bin. Diesem Ich bleibe ich treu und ich hoffe, dass ihr das auch tut.

Charlie hat die Menschen von Anfang an geliebt, hat uns von Anfang an vertraut, und seht nur, was er ertragen musste – Prügel, Verletzungen, Vernachlässigung. Und ich dachte, ich hätte es schwer gehabt. Doch er ließ die Vergangenheit nicht bestimmen, wie er der Zukunft entgegensieht; er ließ nicht zu, dass die Handlungen eines Mistkerls ihn davon zurückhielten, was er wollte. Und was wollte er? Liebe. Akzeptanz. Einen Ball und jemanden, der ihn für ihn warf. Er wollte eine Welt, in der er spielen und glücklich sein konnte.

Das ist nicht viel, wenn man so darüber nachdenkt. Liebe kostet nichts und sollte frei gegeben werden, egal, ob von Menschen oder Hunden.

Wenn ich über die Geschehnisse nachdenke, die mich zu Emily geführt haben, muss ich immer noch darüber lächeln, dass Abbie mich am Ende doch erfolgreich verkuppelt hat. Ich vergebe ihr. Wer würde das nicht tun? Sie ist meine Schwester und will, dass ich glücklich bin. Wenn sie am Neujahrstag nicht zu *Dogs Trust* gefahren wäre, hätte ich Charlie nie getroffen, und auch Emily nicht. Das würde bedeuten, dass ich immer noch dieselbe wäre wie im Jahr 2011 – eine verbitterte und komische Lesbe, die nur von Pflanzen spricht.

Ich komme jetzt zum Ende meiner Ausschweifungen, ich werde mich nämlich mit Abbie, Rob, Lils und Poppy treffen. Emily spielt draußen mit Charlie. Sein aufgeregtes Bellen dringt zu mir herein. Es ist Familienzeit, eine Zeit, die wir schätzen sollten. Und das tue ich. Ich achte darauf, dass alle Menschen in meinem Leben täglich spüren, wie viel sie mir bedeuten, ob nun durch Handlungen oder Worte. Sie wissen zu lassen, dass ich sie liebe, ist, was wirklich zählt.

Jetzt überlege ich, wie ich diese Geschichte beenden soll. Soll ich einfach »Ende« schreiben und irgendwohin verschwinden oder soll ich versuchen, euch noch ein wenig von dem, was ich gelernt habe, mitzugeben?

Richtig geraten.

Eiscreme *und* Nüsse. Ihr könnt beides haben und lasst euch von niemandem etwas anderes einreden. Emily ist meine Eiscreme und Charlie ist meine verrückte Nuss. Das ist alles.

Vorwort der englischen Ausgabe

Firstly, I would like to thank you for buying this book. As a lover of animals, and dogs especially, I have always dreamed of helping those less fortunate—in this case, those we all consider to be our "Best Friend." When I first penned *Puppy Love*, I said that if it was ever published, all my royalties would go to help those pups in distress. So, when this dream became a reality, that is what happened. Money from the sales of this book went to Dogs Trust and, hopefully, made a difference. Then, when sales dwindled over time, as they tend to do, I kept on donating every month just because I was fortunate enough to be able to do this.

There are many reasons why an animal finds itself in difficulty. Presently, many people have lost jobs, homes, and hopes as Covid-19 ravages lives. Many are finding it hard to make ends meet, and just feeding the family is stretching incomes and, consequently, people have had to give up their pets, mostly with heavy and broken hearts. There are also instances where an owner is too ill to fully look after their pet, or that an owner dies and the pet is left without a home.

The aim of Dogs Trust is to give stray and abandoned dogs a second chance at a brighter future with responsible, caring new owners. They are totally reliant on voluntary donations to continue the fantastic work they do. Without the help and support of people like you, it would be simply impossible to care for over 16,000 dogs every year. In addition, lockdown has severely impacted the Trust's ability to fundraise, something they really need to do in order to deliver the care and hope these dogs need at this time. Furthermore, the Trust predict as many as 40,000 stray or abandoned dogs could need help—our help—even after lockdown has come to an end. Staggering figures—and even more staggering when we realise this is only in the UK.

So, again, thank you, dear reader. With the purchase of this book you have helped to make a difference to our furry pals, and for that I will be forever thankful.

L.T. Smith—Linda to you

Supporting www.dogstrust.org.uk
Registered charity 227523 & SC037843

Ebenfalls im Ylva Verlag erschienen

www.ylva-verlag.de

Zu zweit unter einem Dach

A.L. Brooks

ISBN: 978-3-96324-417-9
Umfang: 251 Seiten (85.000 Wörter)

Als ein Sturm das Dach des Hauses zerstört und Lenas Apartment unbewohnbar macht, bietet die neue Nachbarin Megan ihr scheinbar selbstlos das Gästezimmer an. Und das, obwohl die ersten Begegnungen der beiden Frauen alles andere als spannungsfrei waren. Allerdings fand Megan Lena eben auch attraktiv. Langsam, aber sicher kommen sie sich näher. Werden sie ihrer Liebe eine Chance geben?

Ein romantischer, lesbischer Liebesroman aus Großbritannien über die Anziehungskraft trotz aller Gegensätze.

Eine Nacht zum Verlieben

Clare Ashton

ISBN: 978-3-96324-324-0
Umfang: 182 Seiten (61.000 Wörter)

Liebe oder Reichtum? Dem Kopf oder dem Herzen folgen?

Pia und Cate kommen definitiv aus zwei unterschiedlichen Welten. Eine hoffnungslose Romantikerin und eine elegante Materialistin. Mithilfe einer verführerischen Sommernacht will Pia ihre neue Freundin verzaubern und ihr zeigen, dass ein perfektes Date nicht teuer sein muss. Ob ihr das gelingt?

Über L.T. Smith

L.T. ist eine Spätzünderin, was das Schreiben betrifft, und hat erst 2005 mit ihrem ersten Roman (2006 veröffentlicht) begonnen.

Bald bekam sie nicht mehr genug davon und hat zahlreiche Geschichten geschrieben, normalerweise mit einem komischen Unterton, um, wie sie es nennt, »meine verdrehte Sicht auf das Dramatische« auszudrücken.

Sie liebt zwar das Schreiben, aber L.T. liebt es auch, zu lesen – für eine Englischlehrerin scheint das eine Voraussetzung zu sein. Einen Großteil ihrer Freizeit verbringt sie mit Alfie dem Border Terrier, ihrem flauschigen Fellknäul mit allerlei Flausen im Kopf. Denn das Leben ist so viel besser mit einem Hund, nicht wahr?

Bibliografische Information der Deutschen Bibliothek
Die Deutsche Bibliothek verzeichnet diese Publikation in der Deutschen
Nationalbibliografie; detaillierte bibliografische Daten sind im Internet über www.
dnb.de abrufbar.

1. Auflage
Taschenbuchausgabe April 2021 bei Ylva Verlag, e.Kfr.

ISBN: 978-3-96324-489-6

Dieser Titel ist auch als E-Book erschienen.

Übersetzung: Vanessa Tockner
Lektorat: Katrin Hockert
Korrektorat: Jenny Spanier
Coverdesign: Streetlight Graphics

Kontakt:
Ylva Verlag, e.Kfr.
Inhaberin: Astrid Ohletz
Am Kirschgarten 2
65830 Kriftel
Tel: 06192/9615540
Fax: 06192/8076010
www.ylva-verlag.de
info@ylva-verlag.de
Amtsgericht Frankfurt am Main HRA 46713

Printed in Poland
by Amazon Fulfillment
Poland Sp. z o.o., Wrocław

77376766R00110